授業入門

人と教育双書

HUMAN ACADEMY BOOKS

斎藤喜博

Kihaku Saitoh

国土社

【巻頭解説】

授業への〝モチベーション〟を高める書

横須賀　薫

今、この本を読む意味

授業への回帰現象が続いている。

「学力低下」批判がマスコミ論調となり、文部科学省が教育政策の転換を言わざるをえない状況に追い込まれ、一時の「生きる力」重視、総合学習ブームがあっという間に去ってしまった。私のように「いつかそうなるよ」と斜に構えていたものからみてもあまりに早い転換である。代って授業こそが大事だと言われ、「授業で勝負」とか「授業力」などという合言葉が乱れ飛ぶのをみても、そしてその相当部分の本音が「総合学習」など手間隙がかかり、よほど教師が努力しないと効果が上がらないようなことはしたくないという思惑からとみえるので、にわかには同調する気にはなれない。「授業」なら簡単だ、楽ちんだという発想からの授業重視論はやがて化けの皮がはがれるだろう。

本書の著者、斎藤喜博はこう言う。

「教育は一つの冒険なのだ。授業のなかで、教師が子どもといっしょに、未知の世界へつき進もうとして、道のないところを歩むように、苦しみもがきながら努力してはじめて、子どもに力がついていくものだ。」（本書32頁）

〝（教師は）授業で勝負する〟というのはこの人が言い出した言葉であり、文字の上ではこの本がその初出としてよいだろう。でもそれは次のような文脈においてであることによほど心したいものである。

「よい授業には、すぐれた芸術作品と同じような、緊張と集中がある。そこでは、学級のどの子どももが、みな自分を発揮し、わきめもふらず生き生きと活動し、みんなの力でつぎつぎと新しい発見をし合ってゆく。そしてそういう授業は、一時間の授業の仕方が独創的であり、演出的であり、また芸術と同じような感動をよびおこすのであり、子どもはもちろん、参観者をも、その学級の学習のなかにとけこませ、いっしょに笑ったり緊張したり、発見したり、感動したり、新しいものを見いださせたりしながら、それぞれの心を新しく変革していくようにするものである。

こういう授業を受けたことのある子どもは、『勉強は面白いものだ』と、きっと思うようになる。みんなと力を合わせて、むずかしい問題にぶつかり、それを解決していくことは、どんなに張り合いのあることだかということを知るようになる。そして、そういう授業をみた人も、授業がどんなにおもしろく、授業がどんなに人間を変えていくものであるかということを知るようになる。

授業はそういうきびしいものである。教師は、教室という土俵のなかで、そういうきびしい授業によって、子どもと対決して勝負する。」(58頁)

これを読んだらそう簡単に「授業で勝負」など言えるものではなくなるだろう。しかし、一方では今こそこの本によって本当の授業のあり方に導かれるたくさんの人々が生まれることが期待される。そうでなければ、この国の未来は危ういと言わなければならない。

その人と仕事

この本の著者、斎藤喜博が七十歳で亡くなったのは一九八一(昭和五六)年のことで、すでに没後二十五年になる。生前その名は教育界はもとよりさらに広い範囲で識られる存在で、多くの崇拝者をもっていた。揶揄する人はそれを〝キハキスト〟などと呼んだものである。しかし今や直接識るものも少なくなり、若い世代はその名を知らないものの方が多くなった。多数書かれた著作も最近は入手にし難くなっている。しかし学校や授業のことを根本から考えるためにはその著述から学ぶものはなお多いはずである。

斎藤は一九一一(明治四十四)年、群馬県南部の利根川畔の村に生まれた。活躍の範囲は全国に及んだが、終生生地を離れることはなかった。

群馬師範学校を卒業して、生家の近くの玉村小学校に勤務し、十三年間在職した。この学校の校長だった宮川静一郎は独自の学習法を提唱して特色ある学校経営を行った指導者であったが、斎藤はこの校長に私淑し、教育観や教育方式について大きな影響を受けた。また、短歌をつくるようになり、短歌結社「アララギ」に入会し、特に土屋文明を終生の師と仰ぎ、作歌はもちろん人間としての生き方も学ぶことになる。文明の選を受けて公表されている歌は生涯で三千四百二十三首、五冊の歌集にまとめられている。

全国的な活躍は戦後になってからで、特に一九五二（昭和二七）年に、四一歳で島村小学校（群馬県佐波郡島村、後に境町に合併、現在伊勢崎市）の校長となってからである。斉藤はこの学校で校長として授業と学校行事を核とする学校づくりにあたり、その成果を五五年から六二年まで八回の公開研究会で発表し、多数の著作がまとめられた。島村小学校は「シマショウ」と呼ばれ、「島小」は新しい教育のメッカとなり、多数の参観者を集めた。

この書『授業入門』はその島小の教育成果をもとに書かれたもので、学校としての実践記録『未来につながる学力』、職場集団の形成過程をまとめた『学校づくりの記』（共に五八年）に続いて六十年に刊行されたものであるが、斎藤の授業論が全面的に展開された書としてはこれが初めてのものになる。また、同時に写真家川島浩撮影の写真に斉藤が解説を付した『写真集未来誕生』も刊行され、この二書によって島小実践の全貌が提示されることになり、多数の読者を獲得した。

斎藤は六四年に境小学校長となり、六九年に退職したが、その頃から全国の学校に入って授業指導に当たり、その校の校長に協力して学校公開研究会を開催してその成果を各地に広めようとした。多数の参観者を集めた学校には御影小（神戸）、大田小（広島県）、三本木中（青森県）、室蘭啓明高（北海道）などがある。さらに教員養成大学・学部で講義、演習を担当するようになり、七四年に宮城教育大学教授となり、学生、現職教員の指導に当たった。その指導は実技指導を伴うもので、小中学校の教室で自ら授業し、学生、教員に合唱、器械体操、ダンスなどを指導した。授業の理論的研究にも勢力を注ぎ「教授学」を提唱して、現場教員、教育学者らと教育科学研究会に教授学部会を組織し、さらに教授学研究の会に発展させた。

持病の肝臓障害を悪化させて没したが、最後まで気力は衰えず、教育や子どものこと、さらに文学の世界に思いを馳せた一生だった。はげしい気性と活動力の一方、内面に沈潜する世界をもっていた人で、それは詠まれた短歌によく表現されている。晩年の歌から二首。

斉藤教授学と云はれしものも残りしか残ってもよい残らなくもよい

今になほうずく心よはるかなるものをみつめて歩み来にけり

原理・原則を学ぶことの大切さ

最近マスコミなどでよく使われる言葉に「モチベーション」がある。もともとは心理学用語の一つで「動機づけ」の意であるが、スポーツ界、特にサッカーの世界で使われているうちに広まったもので、競技への自分の意欲を高めること、しかも単に体力とか技術力の向上を指すより、その根底にある原理、原則の把握、さらには自分の競技哲学の形成をも含んでいると思われ、指導者が心得るべき重要な原理となっている。根性の強調や表面的な技術指導に偏りがちだった日本のスポーツ界における近時の深化を示している言葉として興味深いし、それが社会全般でも受容されていることに日本の社会のひとつの成熟をみるのは私だけではないだろう。スポーツ世界だけでなくどんな世界にもそういう意味での〝モチベーション〟を高めることの必要性、大事さがあるが、特に教師にとって授業への〝モチベーション〟の大切さは声を大にして強調されてよいだろう。なぜなら学校において授業はあまりにもあたりまえの活動であり、一見誰にでも簡単にやれる仕事に見られがちだからである。

「教師の世界ぐらい代用品のきく世界はないのではないだろうか。高校を卒業したばかりの女の子がはいってきてもすぐ教えられるし、母親であった人が、教師になっても、結構教えられる。会社や銀行につとめていた人が、はいってきても教えることができる。そしてそれは、それまで教師をしていた人の学級とくらべても格段の差はありはしない。子どものようすも同じだし、学

力も大差はない。それが、いままでの一般の教師の世界であったように思えてならない。」（245頁）

教師となったり、これから教師になりたいと考える人は基本的には根が真面目であり、子どもの成長や学力向上を願っている。それだのにやがて仕事に慣れっこになると一日一日を怠惰に過ごすだけになってしまう傾向が強い。つまり教育への〝モチベーション〟を失ってしまうのである。いろいろの理由があるにしても、授業というものがあまりにも平凡にみえるし、子どもからの要求や批判は大人の世界ほどに直截ではないからである。

一方、教育熱心な教師の中には授業以外の活動によってなんとか子どもの活動意欲を引き出したり、成長をはかっていきたいと願って指導に当たるものも出てくる。それは直接的な生徒指導であったり、部活動指導であったりすることが多い。それがいけないというのではないが、授業を抜きにしての教育活動は所詮底の浅いものにならざるをえない。そしてせっかく授業を改善したいと願う場合にもどうしても技術的な要素を重視したり、教具とか掲示物での工夫とかに走りがちである。ここらへんが授業というものがもつアポリア（難問）である。

ここの突破は授業の原理・原則を学び、それを自身の血肉とする以外にはない、つまり授業への〝モチベーション〟を自らの中につくって行くしかない。それには先人の成果から学ぶことが大切になるが、斎藤喜博の書はそのもっとも適切な導きの書になるはずである。

（宮城教育大学名誉教授）

授業入門　目次

授業の創造　57

本書は一九六〇（昭和三五）年、小社より発行されました。なお、復刊にあたっては
一九六九（昭和四四）年発行の「斎藤喜博全集」第四巻所収のものを底本としました。

授業入門

子どもが悪いのではない

1　教師によって子どもはちがってしまう

〔創造的実践は不利な教育条件を克服する〕

校長が悪いからとか、仲間が悪いからとか、設備がないとか、学級定員が多すぎるからとか、子どもが悪いとか、そういうことばを教師はいま、禁句にする必要がある。もちろんこういうことは乱暴なことだ。だが私は、それでも、いまの教師は、そういう決意をし、実践をし、悪い条件のなかでも教師の力で、これだけのことができるのだということを、はっきりと示してみる必要があると思っている。自分たちの腕をそこまでみがいてみる必要がある。

私たちの学校の話である。ある短期大学の女子学生が、志賀幸吉さん担任の四年生の教室で、二週間教育実習をしたことがあった。志賀さんは若いすぐれた教師だったし、その学級は、知能指数の学級平均が一一八・五もあるようなよい学級だったので、いつもすばらしい学習をしていた。だが実習を終わって、その学生が、大学の教授の前で研究授業をしたときの子どもたちのようすはぜんぜんちがっていた。

その時間の子どもたちは、何か重苦しそうだった。よい子だったから、みんな一生けんめい発言しようとしていた。うちわでゆうゆうと顔をあおいだり、首をかしげたりしながら考えこんでいた。だがどうにもよい学習にすすまなかった。ふだんのように、つぎつぎと新しい発言が出、みんなの考えが創造され積み上げられていかなかった。そのため、教室全体がよどんで重苦しくなり、子どもたちの目にも、ふだんの輝きがなくなってしまった。

授業が終わったとき子どもたちは、ほっとしたような顔をして立ち上がった。そしてこんなことをいった。

「おれは、ああいう授業は、にがてだ」

「きょうは少しも調子が出なかった」

志賀さんの授業のときは、こういうことはなかった。それは、指導者が、授業のなかで、学級のひとりひとりの子どもの持っている能力を十分に引き出し、そのぜんぶを組織し、生き生きと発展させていくから、子どもたちは、自分を出すことに、また問題が解決し新しい高い次元へ発展していくことに、喜びと快感を持ち満足しながら学習しているから、顔も目も生き生きと輝き、一時間が集中し緊張した授業になっていたのである。

学生にはそういうことができなかった。子どもの思考の引き出し方も、それのつなげ方も、それらを論理化し発展させ、積み上げていくやり方もできなかった。だから子どもたちは、自分が出せないので、新しい次元へと学習が快適にすすんでいかないので、重苦しく息苦しくなってしまったのだ。学生の授業が下手だということを知らない子どもたちは、その不満を、「調子がでなかった」ということばで表明したのだった。

根本繁さんは、その年、他校から転任してきた若い先生だった。根本さんは五年生の担任になったが、学級がどうにもうまくいかなかった。子どもたちは先生に不満で、あばれたり、反抗したり、投げやりになったりしてしまった。

根本さんはよい先生だったので、自分の授業が下手なため、子どもたちが不満なのだということをよく知っていた。それで前からいた先生の教室へ行って授業を見たり、放課後、他の先生の教室へ行って、いっしょに翌日の教材研究をしてもらったりして、苦しい努力をした。だがやはり子どもたちはだめだった。

ある日根本さんは学校を休んだ。その日、泉幸子さんがその級へでて一時間授業をした。泉さんは、志賀さんと同じに、才能と技術を持ったすぐれた教師だった。とくに泉さんは、子どもへの問題の投げつけ方や、子どもの出す、それぞれの意見のとり上げ方、結びつけ方のうまい教師だった。

泉さんが授業をすると、子どもたちは、いままでと見ちがえるように生き生きと目を輝かせて学習した。泉さんの明快な授業で、教室の空気が明るくなり、緊張してきた。満足しきった子どもたちは、家へ帰ってからそれぞれの親たちにいった。

「きょうはせいせいした」

「きょうの勉強は気持がよかった」

「泉先生は勉強の教え方がとてもうまいのでよくわかり、いい考えが出る」

子どもたちは、そんなことをいいながら、その日は生き生きとして家で本をひらいたというのだった。

この年、三年生もあれていた。三年生の担任は、年輩の出月さんだった。出月さんも熱心な先生で、ひとりひとりの子どもはよく指導する先生だったが、子どもを組織し、学習を組織して、充実した高い次元へ子どもたちの学習を引き上げていくという力がなかったので、子どもたちは不満を持ち、反抗し、暗くなっていた。担任の先生が話しかけても返事もしないというふうだった。

その年度が終わった四月の、担任決定の職員会議のときだった。根本さんの持っていた六年の担任を志賀さんに、出月さんの持っていた四年生の担任を泉さんにというのがみんなの意見で、そのように決まった。ピンチヒッターみたいなものだった。

この二つの学級は、始業式の日には、もう顔が変わっていた。いままで、全校の子どもがならんでいるとき、その二つの学級だけが、どす黒い感じの顔色をしていたのに、その日は、明るいのびのびとした顔をしていた。

教室をまわってみると、四年生は「満足だ」という顔をして泉さんの話を聞いていた。六年生も、志賀さんが、ぽつりぽつりと話すのを、ふっくらと、花のひらいたような表情をして聞いていた。どちらの組も、いままであれほど不満を持ち、とげとげしく、にごり、よどんでいた学級の子どもと同じとは見えなかった。

四月の父母参観日には、いつもの例で「母の日」の行事をした。校庭で全校の行事をしたあと、学級ごとに各教室で、劇をしたり、歌ったり、母親といっしょに話し合ったりした。四年生も「こんどは私が歌います」「僕も歌います」などといって、つぎつぎと前へ出ていった。あばれもので反抗ばかりしていた次男ちゃんと格次ちゃんが、元気に手をあげて前へ出た。その出方はちょっとふざけているようだった。するとと泉さんは「あれ？　もう一度」といって、また出なおさせた。ふたりはちょっとたじろぎ、頭に手をやって「にゃっ」としたが、素直に席に帰って出なおした。そしてふたりでひどく緊張して歌った。見ていた母親たちも、そのようすにびっくりし、満足そうにささやきあい、うなずきあっていた。教室中が、ふんわりとしまっていた。

六年生の教室も同じだった。なんとまあ子どもたちがすっきりとしているのだろう。男の子が、ふわふわとした感じで、からだまですっきりと伸びている。女の子も、満足そうなやわらかい顔をしている。全員の二部合唱を終わり、男だけ席に帰ったが、一本のひもでむすばれているように、すっと、音もなくいっしょに席に帰ったのにもびっくりした。あの荒れはてた子どもたちは、どこにいってしまったのだろう。この子どもたちはいま、自分たちの持っているよさを、そのまま素直に出しているのだ。私は、心を打たれてその姿を見ていた。母親たちも同じだった。廊下へ出てから母親たちは、「ああよかった」と、胸をなでていた。

泉さんと志賀さんの指導で、四年生も六年生も、どんどんとよくなっていった。六年生は、自信にみちた顔をし、積極的になり、ぴちぴちと活動し、学習をして行った。四年生も、いままで返事もできなかった子どもたちが、お客さまがくると、楽しそうに上ばきを出したり、きれいな明るい声で「コンニチワ」をしたり、私や、ほかの学級の先生におんぶしたりするような子どもに、変わってしまった。

ほんとうに子どもが悪いのではない。子どもが悪くなるのは、教師とか教師の指導法とかに、どこか問題があるのだ。

もちろん子どもは、学校教育だけでよくなるものではない。家庭とか、父母とか、社会とかの、さまざまの条件のなかで子どもはよくなったり悪くなったりしていく。とくに、家庭とか父母とか、地域社会のあり方とか、学校集団のあり方とかが、大きな条件になっている。学級の定員とか、教材とかいうものも、子どもをよくするための大事な条件になる。だが、それにもまして、いちばん大きな条件になるのは教師の力なのだ。

専門家としての教師である私たちは、いちおうそう考えなくてはいけないのだろう。そういう決意の上に立って実践し実証してはじめて、設備とか、定員とか、教材とか、社会的条件とかに向かって、強い主張をすることもできるようになる。子どもとか父母とか、設備とか定員とかにだけ問題を向ける前に、教師が、自分自身に問題を向けてみる必要がある。私たちは、教師によって、子どもがどうにでも変わってしまう実例を、自分たちの学校のなかで、身にしみるほど幾つも幾つも、まざまざと見せつけられてきた。だからそう考えるようになってきた。

〔よい授業の秘密〕

母の日の行事のあと幾日かたって、「子どもの日」があった。この日は、お母さんたちが子どもを喜ばせる行事をしてくれるのだが、泉さんの学級の四年生は「遠足」というリズム運動をした。

志賀さんのひくアコーデオンに合わせて子どもたちが庭へ出てきた。泉さんが、背の小さい男の子の手を引いて先頭に立っていた。泉さんも子どもたちも、みんな楽しそうな顔をしていた。ほんとうに遠足にいくような感じだった。

遠足は、蛇行したり、小走りになったりした。そのたびに曲が変わった。「さあ川だよ、みんな落ちないように飛ぶのだよ」土の上に二本の線をすばやく書いた泉さんは、こんなことをいいながら自分が先に飛んだ。みんな手をつないでふたりずつ飛んで、泉さんのあとをついていった。横木のところまで行くと、「丸木橋だよ、落ちないように渡るんだよ」といいながら泉さんはまた先頭にたって渡った。みんな渡りきるのを待ってまた走り出した。円陣がつくられ、ギャロップで右に左にくるくるとまわった。水車のある場所へ出たわけだった。子どもたちの水車はほんとうの水車のようにみんなでぐるぐるまわったり、ひとりずつ交替でギャロップでまわったりした。番がくると、泉さんも美しいフォームでひとまわりした。

水車が終わると、山坂になり、「よいしょ、よいしょ」と曲に合わせて中腰でみんな歩きだした。見ている人たちは、みんなぼうぜんとしてしまった。まほう使いのおばあさんが、まほうの笛をふいて、子どもたちを自由自在に動かしているような感じだった。泉さんは、だいたいのプランだけをたてておき、校庭にあるものを使い、志賀さんに曲の注文をしては、つぎつぎと子どもたちを引きまわしているのだが、それが何ともいえない楽しいふんいきと、美しさを出しているのだった。終わったとき、見ている子どもたちからも、先生たちからも、母親たちからも、思わず大きな拍手が起こった。四年生は、にこにこしながら、泉さんに手をひかれて、遠足から帰る子どもたちのように、うれしそうに退場して行った。

私は、泉さんの仕事の一つの秘密を見たような気がした。泉さんは、見ている人たちなどぜんぜん頭になく、自分も遠足のなかにはいって楽しみきっていた。そしてつぎつぎと、とっさに場面をつくり出し、子どもをそのなかに没入させていた。リズムに乗れない四年生だったので泉さんは、こういう仕事を考え出したのだが、こんな調子でやられたら、どんな子どもでもリズムに乗ってしまうにちがいないと思った。

泉さんはそのころこんなこともしていた。この学級の子どもたちは、ひとりひとりで計算したり字を書いたりはするが、他の子どもの考えに自分の考えを結びつけ、いっしょに考えを発展させていくような力がなかった。だから他人の意見に対しても何も発言ができなかった。そういう子どもたちに泉さんがやっていた一つの方法は、こんなことだった。

国語の時間に泉さんは、ひとりずつじゅんに子どもたちに朗読させていた。ひとりの子どもが一分節ずつ読むのだが、朗読している間に、聞いている子どもたちのあちこちから「ハイ」という声が出る。すると泉さんは「××ちゃんはそこがわからないのですね。ほかの人も××ちゃんのわからないところをよく覚えてやってください」というのだった、

泉さんは、こういう作業で、他の考えと交流しながら、自分を確かにしたり、さらに新しい次元のものを創り出したりする子どもにしようとしたのだった。まだそういう力のない子どもに、「ハイ」という簡単なことばで、自分のわからないことを全体の前に表明させ、他の子どもにも仲間のわからないところを覚えさせ、相互を接触させようとしたのだった。「ハイ」ということばだけだったら、確かな表現や認識のできない子どもでも、自分を表明し、他と接触することができるからだった。私は、うまいものだと思った。

子どもがよくなるということは、教師の人間全体の力とか、魅力とか、学力とかいうものによってである。また、それらがもとになっての指導方法によってである。そしてとくに大きな力を持つのは、子どもたちが学校生活のなかで、ほとんど大部分の時間を使っており、またその時間こそ、教育の最も本質的な仕事の場面である教科の授業によってである。だから、授業の確かな教師は、みなそれによって子どもをよくしていっている。

〔子どもは教師の心に敏感である〕

教師に魅力があり、学力があり、授業がうまいということは、子どもたちに快感を持たせるということになる。

にわとりやうさぎを持ったとき、下手な人が持つと、ばたばたして、どうにも始末が悪い。だが上手な人が持つと、おっとりと持たれている。そういう事実を私たちはよく見る。渡し舟に乗るばあいも同じである。なれない人が舟をこぐと、不安定なのでみんなこわくなり、しがみつくが、専門家の船頭さんだと、安心して、歌など歌いながら乗っていられる。自動車に乗るばあいも同じだ。赤ちゃんをお湯へ入れるときなども同じだ。素人が入れると、持ち方が不安定なので、泣き出したり、あばれたりするが、お産婆さんなどが入れると、ゆったりとしていい気持そうにしている。子どもたちも、何か基本的には、教師の持っているそういう力を敏感に感じ、安心したり満足したり、不安になったり不満になったり、反抗したりいじけたり、怠惰になったりするということがあるような気がしてならない。

教師はよく「子どもが悪い」「子どもができない」ということをいう。だが私はそうは考えない。教育実習の学生のような授業を、何時間も、何日も続けてされれば、どんな子どもでも不満になり、その結果は、怠惰になり反抗的になってしまうのは当然である。

志賀さんに新しい六年生を担任してもらった根本さんは、志賀さんが担任していてよい学級だった新しい五年生を担任することになった。その学級ならだいじょうぶだろうという職員の意見だったが、根本さんが持つとやはり荒れてしまった。四年生や六年生の子どもが明るくなるのと反対に、五年生の子どもの顔は暗くなり、だんだんと反抗的な気分も出てきた。しまいには、授業のとき、わざとちがった答をしたり、返事をしないような子どもも出てきた。毎日の授業に、五年生のときのような的確さとか明快さとか、快感とかがないからであった。

子どもたちのいうのを聞いていると、「根本先生は、説明がくどくて、お説教ばかりいうのでいやだ」というのだった。また「先生はちっとも教えてくれないからいやだ」というのだった。根本さんも、一生けんめい教えているのだが、私が見てもそれは、実質的には教えていることになっていなかった。子どもたちのいうように、説明がくどくど長たらしいだけで、よくわからなかった。小言とお説教だけが多かった。わからない説明と、小言とお説教の授業だから、結果的には何も教えていないのと同じだった。知欲にもえている子どもたちが、そういう授業にしゃくにさわり、反抗的になったり、いじけたりするのは当然のことであった。

下手な按摩にかかると、からだ中をいたいほどもまれても少しもさっぱりしない。さっぱりしないからいらいらしてきて、しまいには「やめてくれ」といいたくなる。だが上手な按摩だと、ひとところを指一本でもんだだけでも、からだ中がすっきりとさわやかになってくる。苦しいところがあるのに、それが解決しなければ、いらいらするのと同じように、授業のなかで、子どもたちの持っているしこりを、さっぱりと解決してやらなければ、子どもがいらいらし不満になるのはあたりまえのことである。

おむつがよごれたために赤ちゃんが泣いている。おむつをとりかえてやり、おっぱいをやれば、赤ちゃんはきげんよくなるのに、泣くからといって叱ったりたたいたりするような教育がずいぶん多いのではないか。そういうことをしていながら、「子どもが悪い」とか「設備がないから」とか、「学級の人員が多すぎるから」とかいっているのはまちがいではないだろうか。

そう考える私は、よい教師を知っているとともに、悪い教師もたくさん知っている。ある中学の数学の先生は、授業のとき、半分は漫談をし、残りの半分でいいかげんに教え、生徒が質問すると怒る、と子どもが不満をのべていた。またある中学の数学の先生は、説明が子どもに少しもわからなかった。「三文」といわれる、解答のついている参考書だけを持って行って、それを見ながら教え、生徒から「先生の今の解答はちがう」といわれると、「わかっているやつはだまっていろ」という数学の先生もあった。

ある中学の英語の先生は「明日単語の試験をするから、単語百おぼえてきなさい」といったので、子どもたちは夢中になって勉強していきテストを受けた。その翌日、「きのうのテストの結果はどうなったか」と聞いたら、「お前たちが、あまりできないので見る気がしなかった」といって子どもたちを失望させた。

これは、ある中学校でみた理科の授業だったが、そこではこういうことをしていた。「空気の重さ」の実験をしていたのだが、天びんばかりを教卓の上に置き、はかりの片方に洗濯ばさみを四つさげ、片方に息をふきこんでふくらませたゴム風船を下げた。するとゴム風船の方がさがったので、「そら空気の重さがわかったろう」と先生はいうのだった。

その実験は、支点からの距離もいいかげんだったし、洗濯ばさみを五つにすれば、洗濯ばさみの方がさがってしまったかも知れないものである。同じ器具でやるにしても、支点からの距離を同じにし、空気のはいっていないゴム風船とつり合うだけの洗濯ばさみを下げ、それからゴム風船に空気を入れて下げてみなければならないはずだ。さすがに子どもたちも、その実験にはぶつぶついっていたが、先生は平気なものだった。

こういう授業は極端な例かも知れない。だがずいぶんたくさん見る例でもある。そういう極端な例でないとしても、よく教材研究もしないで、教科書を持って、ぶらぶらと教室へはいって行き、「きょうはどのページからだった?」「何ページからです」「それでは、だれだれ、読んでみろ」という調子で授業をはじめ、子どもが読んでいると、子どもの間をぶらぶらと散歩して歩き、事務的形式的な授業をして時間をつぶす先生は、小学校にも中学校にも相当いる。

そういうつまらない授業をしているから、子どもに力がつかないのに、宿題を出して子どもを苦しめたり、テストをして、「小学校のとき何をしていたのだ」とか「四年生のとき何をしていたのだ」とか、子どもとか、前学年の担任とか、小学校とかへほこ先を向けて、何とも思っていない先生はずいぶんいる。これは、教えることをしないで、ムチで子どもを動かそうとする教育である。そういう先生の授業を見ると、教材をまちがって教えていたり、自分だけ気負って教えているが、子どもには少しもしみこんでいかないというような授業のものが多い。

小学校の先生でも中学校の先生でも、前担任の悪口とか、子どもに向かって「お前たちはできない」などという先生は、私は、教師として最も下等な無責任な先生なのだと思っている。小学校の先生なら、自分の担任した学年のうちに、自分の力で、きちんと教えこむべきだし、中学校の先生なら、その担任教科の時間に、きちんと確かに学びとらせるべきなのだ。とくに中学のばあいは、中等教育なのであるから、それぞれの先生が、その教科についての高い力を持ち、子どもたちが、知識を獲得する喜びにふるえるような授業をする義務がある。中学校の先生はそういう力を持っているのだろうか。国語でも数学でも理科でも、その教材を理解するのがやっとだという先生も多いのではないだろうか。そういう力きりないくせに、「子どもが悪い」とか、「設備がない」とか「小学校が悪い」とかいうことは絶対にいえないのではないだろうか。

〔どんな子どもも絶対に信頼する〕

私は、子どもを信頼することは、どんなに信頼してもよいと思っている。教育でだいじなことは、子どもは、どの子でもよい子だと思ってやることだ。

教師が、子どもを馬鹿で怠け者だと考えれば、子どもは馬鹿になり怠け者になる。教師が子どもをその反対に考え、そういう気持で子どもに向かえば、子どもは、自分をかしこい、勉強好きな子どもと思うようになるから、子どもは自分の力を十分に発揮し、のびのびと勉強に励むようになる。

中学校や小学校の先生が、小学校のことや、前学年のことを悪くいい、時間ごとに、子どもを馬鹿あつかいしたり、意地の悪い問題を出して試験し、悪い点をとらせて、それを発表しては笑ったり、授業時間中も、わざとできない子どもに意地の悪い質問をしていじめたりして、どういう効果があるのであろうか。

そういう先生は、小学校とか前担任とかの仕事を意識して悪くいおうとしているのではないかもしれない。自分の仕事をなまけ、子どもや小学校とか前担任に責任をかぶせようとしているのではないかもしれない。自分の教材研究とか指導方法の弱さとかを、そういうことでごまかそうとしているのではないかもしれない。けれども、結果的にはそういうことになる。

そういうことは、専門家としての責任を持つ教師として、最も卑劣なことである。それとともに、結果として、いきおいこんでいる子どもを、力を持っている子どもをも、自信を失わせ、学習心を失わせ、出るべき力も出させなくしてしまうばかりでなく、子どもをひねくれさせ、怠け者にし、子どもの心を暗くしてしまう。

教師は、専門家として、いま教えている子ども、いま担任している子どもに、教師としての責任を負わなければならない。そういう責任を感じないで、また、そういう責任を果たすための教師としての学習や、指導上の努力や工夫をしないで、子どもや小学校や、前担任に責任をかぶせるなどということはしてはいけない。その前に、自分の授業の説明が子どもたちにわかっているかどうか、反省しなければならない。教材とか指導方法とかに力のある教師が教えれば、わからない子どもでもわかるようになるという事実のあることを反省すべきである。

小学校や前担任や子どもに責任をかぶせている教師を見ると、そのほとんどが力のない教師であり、独立したひとりの教師としての責任を感じていない人である。自分の、教材に対する力の弱さとか、指導方法のまずさとかをきびしく反省して、自分の実践を築き上げていくということをしていない人である。

そして、そういう人たちは、だいたいにおいて、宿題とテストで子どもたちをしめつけている。授業のときはいいかげんに教え、子どもに力をつけずにおいて、宿題とテストで子どもにものを覚えさせようとしている。これでは専門家としての教師は不要になる。宿題とテストを出す事務員がいればよい。

そういう人たちのやる宿題とテストには、必ず罰則がともなっているものである。宿題をしてこないと叱られる。テストの成績が悪いと「馬鹿だ」「怠けている」「小学校のとき何もしてこないではないか」とやられる。子どもたちはそういうことが恐ろしいから、宿題をやり、テストを一生けんめいになって受ける。けれども、かんじんの授業がだめなのだから、子どもにわかるはずがない。

私は、こういうやり方は、勤務評定式の授業だと思っている。自分は授業という教師としての最大の仕事の場では骨をおらず、腕ぐみしていて、宿題とかテストとか、通信簿とかで子どもをおどかし、監視して、そういう評定だけで子どもに力をつけようとしているのである。勤務評定に反対している先生が、子どもには、ひどい勤務評定方式の教育をしているわけである。そしてそれを少しも不思議とは思わないのである。

テストをしたり通信簿をつけたりすることは勤務評定と同じではない。テストをするということは、教師が、自分のやった授業の効果が、どれだけあったかを測定することだ。だから、よかったらそれは教師の手柄だし、悪かったら、授業が悪かったのだから、子どもを責めるのでなく、教師が自分自身を責めるべきことである。勤務評定だって同じに考えてよいはずだ。職員が悪いのは校長が悪いのだと考えてよいはずだ。

子どもは授業によって力がつき、学習意欲もさかんになってくる。宿題とかテストとかで、おどかし、むち打ち、監視してやる教育で、子どもがよくなるということは絶対にない。

ある学校の例であるが、ひとりの先生がそこへ転任していった。ふだん授業をするとうるさいし、授業以外のときも、子どもはいうことを聞かないであばれている。だが、会礼のときになると、どの先生も一言も注意しないのに、どの学級もきちんとならんでいる。転任していった先生はそれが不思議でならなかった。

だが、だんだんしらべてみるとこういうことがわかった。それは、各クラスに係員がいて、手帳を持っている。会礼のときは、その子どもがいちばん後ろにいて、だれが横を向いたか、だれが話をしたか、その手帳に書きつけ、教室へ行ってから先生に叱らせるということであった。

これは、ゲーペーウーみたいなものである。宿題やテストでおどかしている教育と同じである。このばあいも、おどかされてならんでいるだけだから、子どもの力にはなっていない。宿題やテストでおどかす教育が子どもの力とならないのと同じである。

私は、こういう教育をやっていながら、子どもを責め、前担任や小学校の責任にする教師を見ると怒りを感じる。まして、中学校で三年も教育し、しかも試験問題は中学の教材から出るのに、高校入試の責任を小学校のせいにしたりするのを見ると、心から怒りを感じる。


〔教育という冒険をなしうるのは教師の腕である〕

教育は一つの冒険なのだ。授業のなかで、教師が子どもといっしょに、未知の世界へつき進もうとして、道のないところを歩むように、苦しみもがきながら努力してはじめて、子どもに力がついていくものだ。

そういう授業は、教材とか、授業の一時間一時間とかが、いつもはじめての清新なこころみなのだから結果がわからない。けれども、そういう追求のきびしさ、苦しさのなかからだけ、ほんものの仕事は生まれてくる。冒険をおそれないで、何回でも冒険を試みるなかから生まれてくる。

私の方の先生たちは、自分たちの仕事に、そういう決意を持っている。だから絶対に子どもとか、その他のものへ責任を転嫁しない。

私は、私の学校の先生たちの授業を見ていて、「ほんとに、腕で月給をとっているのだなあ」と、しみじみと思い、涙ぐましくなることがときどきある。跳箱のとべない子どもを、不安がらせないで、最低のエネルギーで、合理的にとべるように指導している。合唱を一時間教えると、どの子もが、高い次元の合唱ができるようにしてしまう。算数の学習も、国語の学習も、気持のよいほど明快に、子どもたちに学びとらせている。そんな姿を見たとき、しみじみとそう思う。

鳴らなくなったラジオを持ってこられたとき、ラジオ屋なら、鳴るようにして「ハイ幾ら」と修理代を請求する。鳴らないままにしておいたのでは、絶対に請求することはできない。教師も同じだと思う。子どもたちをみんなよくしてはじめて、自分の腕で俸給をとるということになる。そういう先生は、子どもが悪いなどとは、心のなかでもかりそめにも思わないのだ。きびしい教育の実践は、そういうところから出発するのだ。

2 学力テストと知能テスト

〔なぜテストをするのか〕

私たちは、毎年、標準学力テストと、知能テストとを定期的にやってきた。これは、自分たちの仕事を、客観的な確かなものにするためであり、科学的診断の結果を「鏡」とし、それをつぎの実践に生かすためであった。

だから私たちは、そういう調査をするたびに、その結果を全職員で何日もかかって検討しあった。学校全体として、どういうところに問題があるか、学級としては、誰の学級はどこに欠陥があるかということを、学校全体の考え方とか方向とか、ひとりひとりの先生とか、教え方とかに即して、細かく分析し、つぎの仕事の目標とか方向とかをみんなして考えていった。

そして、それをもとにして、さらにきびしい研究をし、研究授業をやり、各自の腕をみがき、目標実現のための努力をしていった。そのため年々子どもに力がついていき、標準学力テストも、はじめのうちは、全校平均が四十七だったのに五十の線を越えていき、五年目の昭和三十一年度の学年末の標準学力テスト（金子書房発行、榊原清也著、教科別総合標準学力検査）の結果は、算数の学力の全校平均が五十六のプラス一になっていた。

私たちの理論や方法は、こういう仕事のなかから、つぎつぎと新しく生まれていった。子どもは、正しい働きかけさえあれば、その力も素質も変えていくことができるのだ。そう私たちは考えるようになった。

そう私たちは考え、そういう仕事をし、結果もはっきりと出していたのだが、世間の一部からは、他のさまざまな批判中傷といっしょに「島小の教育は自由主義教育だ。子どもが伸び伸びとしてはいるが、基礎学力は落ちているのだ」とか、「ああいう教育では、できる子はよいが、できない子が伸びない」とか、「芸術教育はよいが、学力は落ちる」とか、「文科系の先生ばかりだから、国語はよいが、算数や理科は悪い」とかいう批判や中傷が出て、親たちのなかにもそれを心配するものが出てきた。私たちは、学校でやった学力テストや知能テストの結果を話してやったが「あれは、宣伝のためにこしらえているのだ」という答がどこからともなく返ってくるだけだった。

それで私たちは、昭和三十二年十一月、県立教育研究所にたのんで、算数と国語の標準学力テスト（田研式）をしてもらった。研究所では所員が出張してき、全校の検査をし、それを持ち帰って細かく表にし、分析もしてくれた。その結果は、研究所でつくった次の図のように、算数がとくにすぐれており、六大都市の成績をはるかに上まわるものだった。国語もまた中都市平均なみという結果がでた。

このテストの結果は、研究所や、群馬大学で分析され、その年の十二月に開かれた「第三回島小公開研

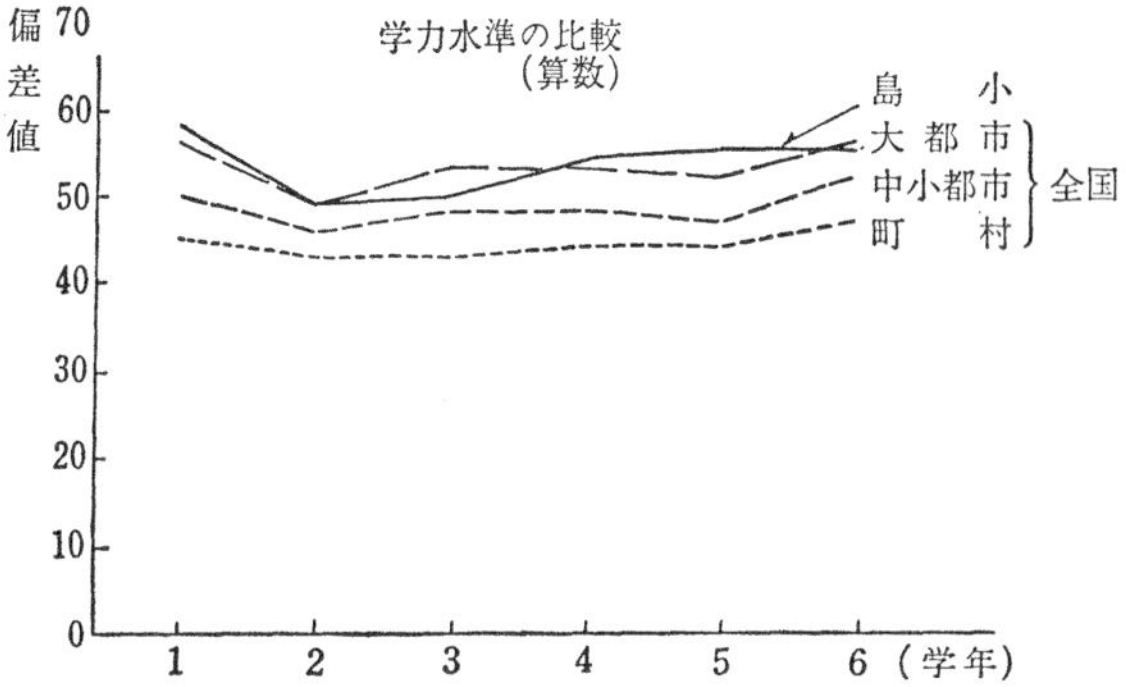

究会」で研究所と大学から報告されたが、その特徴の一つは、学力の平均点が全校も、各学級もすぐれているばかりでなく、各学級の得点分布の山が、普通の標準より上の方に移っていることであった。0のところに分配曲線の中心があれば普通なのだが、山が各学級ともそれよりずっと上にあるということであった。これは、できる子どもも伸びており、かつ、できない子どももみな伸びて、学級全体が向上しているということであった。この学校の教育が、どの子をも救い上げ、伸ばしているということであった。

上学年へいくほど成績がよいということも特徴の一つであった。このことは、学級の分配曲線の山が、上の方に移っていることとともに、この学校の学習指導の特徴を示しているということであった。

算数が国語よりよかったということも特徴の一つだった。このことについて群馬大のＳ氏は「島小は、斎藤さんはじめ、文学的な先生ばかりいるし、研究授業なども、国語の方が多いので、国語がよいと思ったが、算数がよいので、びっくりした」といっていたが、

このことについて、私たちはこんなふうに考えている。

それは、国語より算数の方が、外的条件に左右されないで、教師の力が大きく物をいうということだった。国語のばあいだと、家庭や地域の物的人的な環境条件のよい都市の方が子どもに有利だが、算数は、その差が比較的ないから、教師の力のまさった方が子どもに力がつくということである。もう一つは、私の学校では、たしかに文学的な先生ばかりだが、国語でも、芸術的な教科でも、論理的な追求と積み上げを重んじ、そういう指導のなかで、論理的な学習の仕方や、思考力をつけてきたから、その力が算数や理科の方にも及んで、その方面の力も十分に伸びて行ったのだと考えていた。

この報告を聞いた親たちも、外部の者も、安心したり、びっくりしたりした。とくに親たちは、「ああ、よかった」「先生たちのいうことがほんとうだったのだ」と、ようやく学校のやることに安心感を持ってきた。

だが私たちとしては、このこともさびしいことであった。ほんとうなら、ふだんの子どもたちの教室での緊張した論理的な学習ぶりを見れば、それだけで、どれだけの学力があるかわかるはずだが、県の研究所という、権威の肩書の報告を聞いて、はじめて納得するということは、さびしいことであった。いまの段階では、そういう方法でしかわかってくれない人が多いということが、さびしいことであった。

その後、文部省が、六年生に対して社会科と理科の学力テストをしたが、それに希望校として参加し、その成績も県下で最高位に属するものだった。とくに理科は、試験管さえないような学校だったのに、理振法で完全な設備をしている学校よりはるかに上位の成績をとった。

私たちは、授業時間の教科の指導のなかで、そういう力を子どもたちにつけてきた。だがもちろん私たちは、そういう成績にとくとくとしているものではない。また、そういう成績だけが教育のすべてだとは思っていない。テストの結果などというものは、子どもたちの持つ力の、ごく一部分にすぎないし、群馬大学のS氏も公開研究会で報告してくれたように、私たちの実践の成果は、むしろ、学力テストで測定できない部面により多くあると思っている。

だが私は、学力テストとか文部省のテストぐらいのものが、こなせないような学力だったらみじめなものだと考えている。未来につながる子どもたちが、その程度の学力も持っていないとしたら、未来をきりひらいていくような人間にはなれないのだと考えている。

知能テストも、私の赴任した昭和二十七年度には偏差値の全校平均は四十七であった。ところが年々あがって、昭和三十三年度には、全校の偏差値平均が五十五のプラス一になっていた。私たちは、こういう事実を見て、知能の素質的なものを、教育の力で変えることができるのだと考えるようになった。それは、変えるというより、内部にうずもれている素質をめざめさせ、引き出し、生き生きと活動させるということであり、また、学習によって、ないものまで創り出していくということである。同じ素質でも、頭の働かせ方を訓練することによって、ちがうものになってしまうということである。

このことは、どういうことなのであろうか。からだのばあいを考えてみよう。生まれつき弱い子ども、体格の悪い子どもでも、自覚的に栄養をとり、運動をすることによって、体格をよくすることができる。おとなになってしまうと、体格をかえることはできないが、努力と工夫によって体質は変えることができる。体質を変えるとか、同じ体質でも、からだの働かせ方によって、体格とか体質とか以上の力を発揮させることはできる。

〔知能は改造できるという実践的確信〕

頭のばあいも同じなのであろう。素質的なものの働きをよくしていくこともできるし、改造していくこともできる。とくに教師は、子どもたちの持っている、それぞれの素質を十分に引き出し、それが自信を持って、十全に愉快に働くような教育をしてやる必要がある。

そのように私は考えるから、私の学校では、算数とか理科とか図画とかの成績を、5、4、3、2、1、というような段階評価をしないことにしている。そういう段階評価をしてしまうと、それに合わない子どもは、あきらめ、自分の持っている素質を出さないままに終わってしまう。

私の学校に、邦子さんという女の子がいた。この子どもの知能指数は七〇だった。だからこの子どもは、普通なら劣等生といわれてしまう子どもだった。算数とか国語とかいう普通の教科を普通にやらせ、五段階評価をしていれば何もできない子どもだった。だがその担任の先生は、学級のふんいきを五段階評価的なものと反対な楽しいものにし、それぞれが自分の個性を十分に発揮しながら、みんなの力で励まし合い認め合い、力を合わせ合いながら学習していくようにした。邦子さんにも、合唱とか舞踊とかで個性を発揮させ、そこで得た自信とか、張り合いとか、努力の仕方とか、力とかを、算数とか国語とかの方へ持ちこませた。すると、いままでむずかしくてならなかった算数や国語が、邦子さんにとってはおもしろいものになり、打開のできるものになった。その結果、学力も知能もあがっていき、合唱や舞踊や学習をしている邦子さんは、知能指数七〇の子どもとは思えないような、美しい生き生きとした顔つきをしているようになったのだった。邦子さんもおそらく、算数や国語からぶっつけられたのでは、こんな子どもにはならなかったにちがいない。

私たちは、こんなふうに、知能の素質的なものまで変えられるということに、教育の興味もあり、教師としての喜びもあり、また責任もあるのだと考えている。

私たちの学校の標準学力テストや知能テストの結果を見ておもしろいのは、分配曲線が、それぞれの先生によってみなちがっているということである。「標準学力テストや知能テストは、毎年やっていると、なれてしまい、よくなっていくのではないか」という人があったが、一年も間をおいて、なれがあるなどということはない。そういうことをおいても、担任の先生によって、みなちがうことは、なれがないということを示しているし、また、教師によって子どもの学力や知能がどんなにちがってしまうかということを示している。

こころみに、私の学校の知能テストの分配曲線をつぎに幾つかあげてみる。

第Ⅰ図は、森田明子さんの学級である。森田さんは、前年いた下位の子どもを全部押し上げ、中位の子どももみんな押し上げて、図にみられるように、学級全体を、その学年の標準である0より右へやってしまっている。

子どもが悪いのではない

森田さんはこのように、学級経営者として、すばらしい力を持っている教師である。だが森田さんは、戦時中女学校を出たので、基礎学力の面がいくらか弱かった。また、子どもたちが高い追求をしたばあい、それをつき破り、高い次元へと引き上げていくときの指導力が弱かった。そのために、上位の子どもをさらに高く伸ばせないという弱点があったが、この分配曲線にもそのことがよくでていた。

ところが、第Ⅱ図の志賀幸吉さんのばあいや、第Ⅲ図の渋沢千枝子さんのばあいは、上位の子どもをも伸ばしているし、第Ⅳ図の泉幸子さんのばあいは、下位の子どもも、中位の子どももみな上げている。

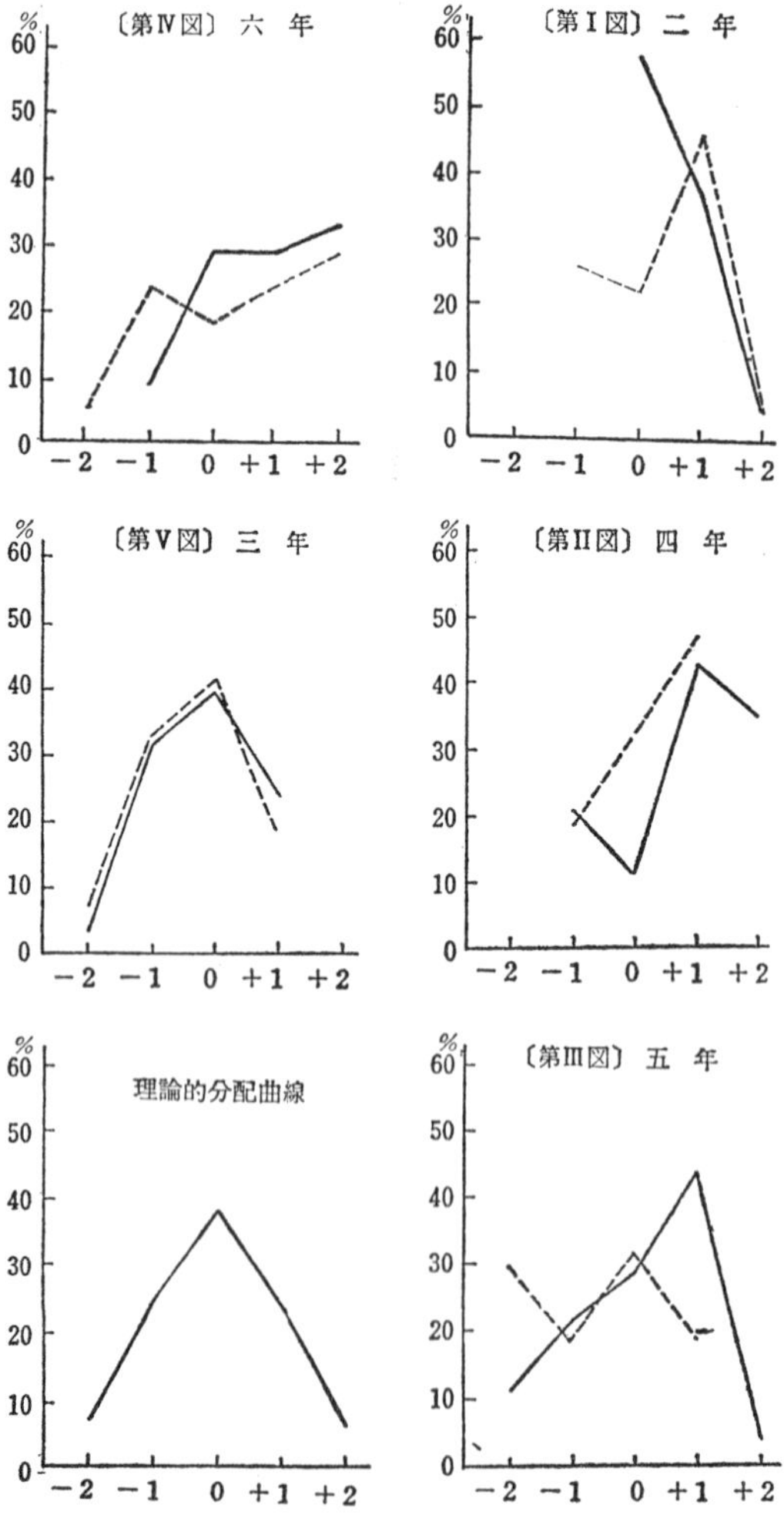

（実線の年度は点線の年度の翌年である）

この四人の先生は、私の学校でもみなとくにすぐれた教師だった。だからみなそれぞれ特徴のある分配曲線を出し、子どもを伸ばしているが、第Ⅴ図はちがっている。この先生は、二年からの持ち上げだが、授業の力が弱いので、前年と同じ型の曲線になっている。そしてそれは、理論的分配（正常分配）曲線に近く、しかもそれより上位の子どもが伸びていない。

私は最近、他県のある小さな町の学校へ話をしに行った。話をする前に、幾つかの学級の研究授業を見せてもらった。その授業は、どれも旧式の一斉授業だった。一年生が全員きちんと前へ向いて先生の話を聞いていた。「××さん」と指名すると「ハイ」と答え、きちんと立ちあがって答えていた。先生が説明したあと「みなさんわかりましたか」というと、「ハイ、わかりました」といっせいに答え、少しぼんやりしているような子どもに「××さんわかりましたか」というと、その子どもも「ハイ、わかりました」と答えるのだった。

どの組もどの組も同じような調子で、先生は教壇の上で説明し、子どもに念を押しているのだったが、私はそれを見ていて、こういうやり方で子どもに力がつくのだろうかと思った。「わかりました」といった子どもも、その他の子どもたちも、ほんとうにわかったようには思えなかった。

それで授業を見せてもらったあと、校長室で、校長と教頭の先生に「ああいう授業をしていると、学力テストの分配曲線が底辺の狭いピラミッド型になってしまい、しかもその山が、標準より悪い方へいってしまうものですが、この学校では標準学力テストなどやってありますか」ときいてみた。幸いなことに、全校の標準学力テストがやってあったので、その分配曲線を見せてもらった。

私の予想どおりだった。全部の学級が極端に底辺の狭いピラミッド型であり、しかも頂点は普通のところにあった。ああいう形式的な一斉教授は先生にはらくである。また親たちが見ると、いかにも子どもの行儀がよく、親切ていねいな教え方のように見えるが、学校全体の子どもの学力は低いものになってしまう。よい子どもも、低い子どもも、伸びないことになってしまう。こういう授業は、授業によって、底辺の狭いピラミッド型の学級にし、先生に指導のしやすい学級をつくるだけである。

第V図の分配曲線の先生の授業のやり方は、他の四人の先生たちとちがって、いつも一斉授業に近い指導の仕方だったのである。

3 広い意味の基礎学力

〔基礎学力を高めるものは何か〕

私たちは、知能テストとか、学力テストとかを重んじ、そういう力の強い子どもを育てたいと願って努力してきた。しかし、教育はそれだけではない。そういう基礎学力より、もっと大事なものが子どもの上にできて、はじめて知能テストや、学力テストは上がるのだし、また一方、学力テストや知能テストが上がることによって、基礎学力以外の基礎的なものが上がってくる。

私の学校で、基礎学力や芸術教育が普通の水準をぬきだしつつあったころ、町村合併で、他の学校から、各級へ数人ずつの子どもが転校してきた。

その子どもたちの特徴は、「遊びのときも、学習のときも、作業のときも、みんなのなかへはいれない」「朗読とか筆写とかいう、形式的なものはうまいが、思考力が弱い」「学習や仕事へのとりかかりがのろい」「いま学級のみんなが、何を中心にして学習し問題にしているかがとらえられない」「論理的追求の態度がない」「きれいにノートに筆写するが、読みとったことをまとめて発表する力がない」「うれしいのだか、困ったのだか、表情がないのでわからない」というような共通な特徴がどの子どもにもあった。

その子どもたちは、標準学力テストも、知能テストもいままでいた子どもたちよりずっと低かった。だが先生たちは、この子どもたちも、一年後には、きっとよくするのだといい合っていた。

幾月かたったとき、その部落の親たちに学校へ集まってもらった。「教科書もちがうし、学校もちがって、子どもたちが困っているでしょう」というと親たちはいっせいに「そんなことはありません。こちらの学校は、らくをして勉強がわかると喜んでいます」というのだった。

そして、こちらへきていいと思うことはつぎのようなことだといった。

「兄弟がよく歌を歌うようになった」

「先生が勉強をよく細かく教えてくれる」

「愛情のある教育に感謝する」

「勉強がらくになった。無理がない」

「友だちが親切だ」

「こちらの子は人なつっこくて感じがよい」

というようなことだった。また、こちらの母親たちは、その他についてつぎのようなことをいっていた。

「参観日が、心をうちとけて、とけこんでいけるので楽しい」

「お母さんたちが親しみ深い」

「前の学校では、友だちにいじめられた。先生にかばんをとり上げられた。宿題していかないのでなぐられた」

というようなことだった。

子どもたちの話だが、前の学校では、鉄棒のできない子どもに先生が「まわれなければまわれるまで上がっていろ」といったので、逃げたくなったということだった。指導要録に、「泣きむしで仕方がない」と書いてあったので、二年生の担任が、どんなに泣く子かと思ったらこちらの学校へきてからは少しも泣かなかった。向こうの学校では、いつも休んでいたという子どもも喜んで毎日学校へきた。

子どもたちも「この学校の方がうんとよい」ということだった。それは、「友だちがかまわない」とか「先生の教え方がていねいだ」とか「作文が書けるようになった」とかいうことだった。

〔広い意味の基礎学力〕

この子どもたちや、母親たちが感じているちがい、それは、私の学校で考えている子どもの指導方法である。私たちは、子どもを叱らないで、のびのびと生き生きと学習するなかで、基礎学力とか、生活指導とか、広い意味の基礎学力とかをつけたいと考えている。

その結果、私の学校の子どもたちは、いくぶん他の学校の子どもとはちがう特徴を持つようになっていた。それが私たちの考える広い意味の基礎学力であるかも知れない。

動きが早い

ここの子どもたちは動きが早い。庭で遊んでいるようすを見ても、いまここにきたかと思うと、さっと向こうへいっしょに行って遊んでいる。それぞれが皆目的を持ち、集中して遊んでいる。そう思っているうちに、いつの間にか職員室にはいってきている。おどろくほど行動が早く変化する。

庭で全校の子どもで行事をするときなども、楽しそうに庭いっぱいに広がって遊んでいるが、レコードが鳴るか、合図があるかすると、さっと魚の群のように集まってき、だれにも指図されないのにきれいにならんでしまう。

ベルが鳴ると、いままで庭いっぱいに遊んでいた子どもたちが、何秒もたたないうちに、霧の消えていくように、教室へはいり、学習に集中する。そして、授業が終わると、また子どもらしい遊びに没頭する。

木のぼりをしている子どももいっぱいいる。窓わくにあがっている子どももいる。だが、必要なときには、とっさに動く。きりかえが早いから、どんなときでも、安心しきっていられる。

反応する子

ある映画社が、子どもたちの映画をとりに、何カ月かきていたときであった。「よく見る子どもだ」とか「反応の早い子どもだ」といって、映画社の人たちはびっくりしていた。

その一つの例として、映画社の人たちがいっていたことは、こういうことであった。それは、劇の練習のところを映画に写す場面があったが、そのとき、ひとりの子どもが、ねぎむきをして、眼が痛くなる動作をする。すると、学級のみんなが、それに反応して、自然に眼をこすったりしているというのである。「いわれないことまでするので、子役よりずっとやりよい」というのであった。

ある人形劇団が、夏休み中、学校で合宿練習をしていたことがあるが、「劇の練習をしているとき、子どもたちが見にくるとじゃまになると思って心配したが、そういうことが少しもなかった。子どもたちが見ていても、少しも子どもたちの前でやっているという意識が起こらなかった。見ている子どもたちが、私たちといっしょにやっているような気がした」と、その人たちがいっていたが、ここの子どもたちは、いつでもそのなかに没入し、反応するという特徴を持っている。

卒業式であるが、私の学校では一年から六年までの全部の子どもが、講堂の四方に席をしめ、その席の後ろの方が高くなり、中央の低いところがあいていて、舞台の役目をしている。一、二年生は、正面のステージの上に坐っているので、一番前列の子どもは、ステージから足を前にぶらっと下げている。

全員で歌ったり、呼びかけたり、卒業生と在校生とのお別れの交歓舞踊があったり、劇があったりして式は進んでいくが、会場全体が、動作をする子どもも、そうでない子どもも、みんなひびき合い、反応し合っているから、会場全体が、一つになって、ゆれ動き、ひびき合いながら式が進んでいく。

一、二年生の仲間が、何人か中央へ出ていって、所作をして帰ってくると、前にぶらっと下がっていた足がいっせいに楽しそうに前後にふられ、席があけられ、出て行った子どもが迎え入れられる。みんなが一つになって反応し合い、ひびき合う、こういう姿に私はいつも感動する。

私の学校では、低学年（一、二、三年）の演劇では、だいたいのすじを子どもに話すだけで、脚本を与えて、せりふを覚えさせるようなことはしないことにしている。これは、脚本を与えると、そのせりふにこだわり、せりふを覚えようとして、子どもたちの動作が固くなり、感動のともなったものにならないからなのだ。

配役なども先生の方からは決めないので、はじめは、主役が幾人もできてしまったりする。子どもたちは、だいたいのすじにしたがって自由に表現する。すると、相手役や、他の全体が、それに即して反応し、また自由に表現する。だから、きのう見た劇と、きょう見た劇は、せりふも動作もちがっているということの方が多い。そういうやり方のなかで子どもたちは、だんだんと自分や他人の、最も適した役を決めていき、せりふや動作もいちばんよいものを考え出していく。いつも流動した、子どもらしい生き生きとした劇をつくり出す。だから、子どもたちが固定した考えや、固定した動作をしていない。そういうことも、ひどくきわだった特徴になっている。

ものを覚えるのが早い

覚えこむのが非常に早いということも、ここの子どもたちの特徴の一つである。合唱なども、一時間教えるとほとんどの子どもが覚えてしまう。よその人がきて、新しい歌を教えてくれても、すぐ覚えこんでしまい、帰ったあともよく歌っている。算数や国語のような教科の学習でも、覚えるのが早い。

音楽会とか、入学式とか、運動会とか、卒業式とかの行事のときも、何回かやればすぐできるようになるから、あまり時間をかけなくてもすむ。これは、ふだんの授業のときに、基本が練習されているということもあるが、やはり子どもたちの覚え方が早いということに原因がある。

このことは、子どもたちが覚え方を知っている。そういう訓練がふだんされていることもあるが、もっと大事なことは、子どもたちが目標を持ち、気がまえており、集中しており、知識欲に燃えているということにある。

夏休みのとき、二日間だけ学校へ子どもを集めて、夏季学校をひらいたが、そのとき一、二年生の音楽は志賀さんが担当していた。志賀さんは、三つの歌曲を選んで一、二年生の集まっているところへ持っていき、「きょうから三日間にこの三つの歌を一日一つずつ教えます」といった。すると子どもたちは、「先生、二日間です」といった。去年までは三日間だったので、志賀さんは、ことしも三日間と思いこんでいたらしかった。「弱ったなあ、それでは、三つのうちどの二つにしますか」と志賀さんはいった。するると全員が口をそろえて、「三つぜんぶ」といった。「三つぜんぶおぼえてしまう」というのだった。

子どもたちは、猛烈に欲深で、知識欲・吸収力を持っている。参観者などがくると、よく控室から教室へつれて行って、話を聞いているが、あるものは何でも使って学びとろうとしている。そういう子どもたちの学習意欲が、ぶっつければ、何でも早く吸いとり、覚えこんでしまう力になっている。

子どもたちのやることが的確であるということも安心の一つである。これは、学習のばあいがそうなのだが、ふだんの動作のときにもよくあらわれている。

的確さ

よその学校のお母さんたちがたくさん参観にきたときであった。お母さんたちといっしょに庭に出ようとした私は、玄関でぬいだスリッパを、そこにいた一年生に、「先生の下駄箱へ入れてきてください」といった。子どもは、すばやくそれを持って、下駄箱へ入れに行った。外へ出てから、また、そこに遊んでいる二年生に、「これを先生のかばんの上に置いてきて」といって、手に持っていた手紙三通を渡した。そのとき、私のかばんは、職員室の隅にある宿直室の畳の上に置いてあったのだが、私は、確かにとどくと思っていた。それで、お母さんたちに、「あのスリッパも手紙も、確かに置いてあるのですよ」といったのだが、あとで行ってみると、どれもまちがいなく置かれていた。

やはりお母さんたちの参観人がきていたときだったが、控室で話し合っていた私は、庭の遠くに遊んでいる子どもを呼ぼうとして、窓から手まねきをし、「すぐきますよ」といった。そこにいた二、三人の子どもが走ってきたので、「志賀先生を呼んできてください」といい、「志賀先生がすぐきますよ」といっているうちに、廊下の方から志賀さんがはいってきた。子どもたちは、的確に志賀さんに話してくれたのだのだった。

こういうことは、何でもないことのようである。だが、ことばでも、動作でも、まちがわず、きちんとできるということは、どの子もができるということではない。私たちの学校の子どもたちは、いつでも確かにできる。このことは、やはり、ふだんの学習のなかで、的確さというものをだいじにして育てられているからだと私は考えている。

子どもたちは、学習のとき、ノートをとるにしても、自分の考えを的確に整理するように書くし、他の子どもや辞書などとの考えのちがいなども、確かに書いている。他の子の発言をよく覚え、自分や、他の子どもとのちがいなどもはっきりと頭に入れる努力をしている。的確に他人の発言を頭に入れ、それを、そのとおりにいいなおす作業も学習のなかでよくされている。他人の心を読みとったり、他人のために的確に行動したりすることが、自分やみんなの学習を、どんなに快適に進めるかということも、授業のなかで、また学校全体の生活のなかで学びとっている。そういうことが、子どもたちの身について、的確に行動できる子どもになっているのだと私は考えている。

場面を知る

図書室でお客さんがきて、職員と話し合っている。となりの部屋を掃除する子どもたちが、ふだんは歌ったり話したりしながらやっているのだが、そんなときは、スーッとはいってきて、無言でさっさと掃除をし、いつの間にか、スーッと帰って行ってしまう。

やはり、夏休みにきていた劇団の人たちがいったことであるが、「仕事をしているときにはこないが、仕事をしていないときには、スーッと寄ってくる」ということだった。

ふだん、別にうるさくいわないのだけれど、子どもたちは、こういう区別をよく見わけ、そのときどきに、最もふさわしい行動をとってくれる。このことも、やはり、教科の学習の場面でつちかわれている。みんなと考えを積み重ねていく学習のなかで子どもたちは、いつでも、そのときに最もふさわしい発言をし、考えを出し、学級全体の学習が高いものになるように考えている。

昭和三十二年の四月、私は、久しぶりで全校の子どもの前に立って問題を出した。問題はつぎの三つだった。

1、ソフトボールをやめてください。
2、廊下を、音をさせないで走る練習をしてください。
3、ことばをよくしてください。

弾力性のある心

大好きなソフトボールをやらないようにといわれたのに、そのとき子どもたちは、素直な反応を示した。

二年の男の子が、「ガラスが割れるからだね」といった。私は「それもあります。けれども、みなさんのためになることなら、ガラスがいくらかけてもかまいません」といった。五年生の子どもが、「小さい子があぶないからだね」といった。私は「それもあります」といって、「そういうこともありますが、それより、みなさんはもう、ソフトボールだけでなく、もっと楽しい遊びを、それぞれの組でつくり出せる子どもだと思うのです。しばらくソフトをやめて、それぞれの組で、どこにもない、すばらしい遊びや運動を考えだしてもらいたいのです。そして、六年生の考えたのを、三年生がまねたり、二年生の考えたのを、五年生がまねたりするようにして、この学校に、みなさんの考え出した遊びや運動がいっぱいあるようにしてもらいたいのです。ソフトをやめてもらいたいというのは、そういう仕事を、みなさんにしてもらいたいからなのです」

といった。

子どもたちは、その日から、ソフトをピタリとやめてしまった。そしてどの組もが、新しい遊びや運動

を つくり出し、幾月かたったとき、各学級の工夫した遊びや運動の全校発表会をした。

この問題は、職員の間でも前から話が出ており、それが、子どもたちにもひびいていたのだが、そのことより、私の学校では、ふだん、禁止とか叱責とかをしなかった。だから子どもたちは、休み時間になると、木のぼりでも、廊下を走ることでも、私や先生たちの前で平気でしていた。だが、必要なとき「やめなさい」といえば、いつでも素直にやめていた。ソフトボールも、「やめてください」ということばで、それを、自分たちの問題として、素直に考え、素直に受けとめていったのだった。

休み時間になると、子どもたちは、夢中になって廊下を走る練習をしていた。音をさせないようにするには、どうしても足や腰の力をぬき、弾力をつけ、つまさきでリズムをとって軽く走らなければならない。子どもたちは、私の顔をにこにこ見ながら、一生けんめいに工夫して、音をたてないで走っていた。

ことばの問題も、私が話をすると「『あのだんべ』をなおすのですね」という声が出た。学校では、はじめのころは、どんなことばを使ってもよいから、子どもたちに、できるだけ自由に話させることを努力点としてきた。だが、このごろは、もうよいことばを使っても、自由な発言ができなくなるということはない段階まで子どもたちが伸びてきていた。それでもまだ心配なので、三学期いっぱいをかけて、一つの学級に実験をしてもらった。その結果は「だいじょうぶ」ということなので、全校で「よいことば」にきりかえる運動をはじめたのだった。

私の話を聞いて教室へ行った子どもたちは、ことばをよくすることについての話し合いをした。ある組では、こんな風景が見られた。放課後幾人かの子どもが集まって「あ」のつくことばを使わない遊びをしようということになった。「××ちゃん」と指名すると、その子どもが「あのだんべ」といって話しだした。ここの子どもたちは、ことばのはじめにいつも「あのだんべ」をつけるのだが、司会者にすぐ「あ」は駄目といわれ、頭をかかえていた。

子どもたちは、いろいろな工夫をして、「あのだんべ」その他の、よぶんなことばをとることに努力していった。そして、よい学級は一日で、その他も、だいたいの組は一週間ぐらいで「あのだんべ」を追放してしまった。

こういうふうな子どもを、「素直すぎる」というかも知れない。しかし私はそうは考えない。学校全体が集団になり、一つの方向に向かっていれば、問題が、集団全体のものとしてはっきり提案されたとき、全員がそれを克服する姿勢をとり、みんなが集中してそれを克服する努力をする。私は、そういうことは当然なのであり、そういう体制のなかからだけ、広い意味の基礎学力も、狭い意味の基礎学力も、子どもの上に築き上げられるのだと思っている。

ゲーテのことばに「最も恵まれた天才とは、すべてを吸収し、すべてを取り入れながら、絶えず自己を革新し、自己のあらゆる可能性を発展させる者のことだ」とある。

私は豊かな吸収力と、順応性とをもって、どん欲に、自分やみんなを育て上げ、変革していけるような子どもにすることこそ、教育であり、それがまた、「学力」の基本にもなるのだと考えている。

4　こういう子どもに育てたい

私たちは、教師が教師としての責任を果たす最大の場面は、一時間一時間の授業であると考えてきた。

教師は、自分の担当している子どもたちの成長に責任を持っている。そういう責任を持つ専門家としての私たちが、自分たちの責任を果たす場面を、私たちは、一時間一時間の授業のなかに見いだしてきた。

それでは、私たちは、授業によって、どういう子どもをつくろうとしたか。

〔子どもの精神の内容を豊かにしたい〕

その大きな一つは子どもの精神の内容を豊かにしてやりたいということだった。子どもの精神の内容を豊かにし、子どもの意識を新しくして、充実した張りのある生活を子どもたちに送らせたいということだった。

子どもたちの精神の内容が豊かになるということは、基礎学力とか、芸術的な感性とか、直観力とか、論理的な思考力とか、よい人間関係とか、創造していく力とか、協力できる力とかが、中味として十分にあることだ。そういう内容があってはじめて、充実した張りのある生活はできる。だから私は、教科学習をすすめていくなかにおいて、そういう力を子どもたちに十分につけなければならないと思ってきた。そのことは、現在の子どもたちの生活を、人間として充実したものにするばかりでなく、子どもたちが、将来おとなになったばあい、そういう生活のできる基礎になると思うからだ。

〔困難に向かってたじろがない人間〕

教育をそのように考えるから、困難に向かってたじろがない人間にしたいということも、私たちの強い願いになっている。「自分はどうせできないのだ」とか「私などは」とかいう子どもが、ひとりもいなくなるように、ひとりひとりの子どもが、がんばりぬく力を持ち、また、学級全体とか、学校全体とかも、そのときどきに、集中して一つの目標に立ち向かい、そのなかから、困難を打開していく力とか方法とか、ねばり強さとか、そういう努力の喜びとかを知った子どもにしたいと考えてきた。

このような、困難に向かってたじろがないねばり強い態度も、一時間一時間の授業のなかにおいてつくり上げられていく。だから私たちは、一時間一時間の授業の方法を、単なる一斉教授でなく、教師をふくめた学級全体が、みんなの意志と努力で、積み上げ積み上げ、問題を打開していくような学習指導の方法をとり、そういう授業の組み立て方をみんなで研究してきた。

一時間の授業のなかで、たといそれが、あやまりであったり不十分であったりしたばあいでも、学級のどの子の考えも発言も工夫も、みんなの共同の作業のなかに生かされ、それが、生き生きと発展していったとき、学級全体が、またひとりひとりの子どもが、投げ出さないで、克明に努力し、個々の人間の特徴や力量を、とことんまで伸ばしていくことができるのだと私は思っている。

〔充足感を持った子ども〕

私たちは、私たちの学校の子どもたちが、学校を楽しい、張り合いのあるところとして、教室や学校で、生きていることが楽しくてならないというように、充足感を持ち、満ちたりた顔をして日々を送ってくれることを願っている。そういう姿の子どもたちを見ることは、何より楽しく、張り合いのあることだ。

充足感を持ち、満ちたりた顔をしているということは、子どもたちが、どのような圧力関係もない学級や学校のなかで、のびのびと自由に学習に励み、みんなといっしょに、日々精神の内容を豊かにし、知識を充足させ、ほんとうの感動を味わいながら生活しているということを示している。私は、飢餓感を持った人間、それが充足されることによって、満ちたりている人間、そういう人間に、子どもたちを育てたいと思っている。

〔人を怖れず、自分を大事にする子ども〕

私たちの学校では、先生たちが、子どもたちを叱ったり罰したりすることがない。学校には、子どもたちをしばる何の規則もない。評点のついた通信簿もないし、先生たちが、子どもの欠点を父母に話すということもない。そういう暖かい空気のなかで、教師も子どもたちも、お互いに助け合い励まし合いながら、自分たちに力をつけ、より楽しい高い学習や生活ができるようにしようとしている。

だから子どもたちは先生を恐れない。上級生も恐れない。他からくるお客さまをも恐れない。授業を見にきた人たちにも気軽に話しかけたり、質問したりする。職員室へもどんどん遊びにはいってくるし、お客さまがくると、喜んで迎え、話しかけたり、いっしょに遊んだりする。

私たちは、人を恐れないで、人に親しむ子どもを、また、自分を大事にするとともに、人をも大事にする子どもをつくりたいと思ってきた。自分を大事にするということは、自己中心で、他はどうでもよいというのではなく、自分の感動を大事にし、自分の考えや、悩みや、喜びを大事に育てていくという人間にすることだ。自分の姿勢やことばを美しくするということも、それは自分を大事にし、自分を美しく育てていきたいという願いから出発する。

そういう考えに立つ人間は、当然他人をも大事にする。自分を大事にするという体験は、自分をよく見つめることだから、それは当然他人を見つめ、他人のよさとか、ねうちとかを発見し、大切にすることのできる人間になる。私は、自分をさえ大事にできない人間に、他人を大事にするなどということができるはずがないと思っている。そして、そういうものは、人との接触によって育つし、具体的な人との接触は、学校では、教科の学習の進められていくなかにある。

〔ほんとうの感動〕

一般的に、多くの子どもたちは、真実の感動を持っていないようだ。私たちの学校も、はじめのころは同じだった。ほんとうの美しいもの、ほんとうの正しいものに感動しないで、概念的な常識的なものとか、ゆがめられたものとか、瑣末なものとかにのみ感動しているのが多くの子どもたちだった。しかしそれは、ほんとうの感動ではないと私は考える。

ほんとうの感動とは、子どもたちの心が浄化され、素直になっており、一本の草のゆらぎにも、美しいメロディーにも、すばらしい論理の発展にも、自然の法則にも、人間の働き方の美しさにも他人のすばらしい言動にも、また質の高い授業や先生の話にも、身をふるわせて感動し、それらを生き生きと吸収し、自分を豊かにふくらませていくようなものだと思う。

そしてそのためには、ひとりひとりの子どもが、ふだん高いものへのあこがれを持っており、自分を解放して、よいものをどこからでも吸収しようとする態度を持っていなければならないことだし、また、ふだんの学習指導のなかにおいて、教師が、高いもの、よいものを、子どもたちの心のなかに、十分にそそぎこんでおかなければできないことだと思う。

授業の創造

1　授業のきびしさと中味

〔**授業は真剣勝負である**〕

私は、先生が教室へ一歩足をふみ入れた瞬間は、相撲の仕切りのときであり芝居の開幕のときであると思っている。だいたいその瞬間で、その一時間の授業の勝負は決まってしまう。

よい先生は、よい準備をし、よい計画をし、よい勉強をして「きょうはこれだけはどうしても学ばせるのだ」といきごんで教室へはいって行く。そういう先生の教室は、子どもたちもまた「この前はあそこでつっかえてしまったのだ。きょうはみんなの力で必ず解決するのだ」というかまえでいるから、先生が教室へはいった瞬間、両方の呼吸がぴったりと一つになる。子どもたちは全員がピュッと集中する。私はそういう場面に接すると、「いいなあ、いいなあ」と思う。

こういう教室は、ふだんの、一時間一時間の授業が、いつも充実した感動的なものになっているのだ。一時限のはじめの十分間が過ぎたとき、子どもたちは「わかった、わかった」と満足し、新しい次元の世界に引きこまれる。つぎの十分間も同じである。だから、一時限が終わったときは、きびしい合唱や演劇をしたり、すばらしい試合をしたりしたあとと同じように、みんなして集中して努力した気持よさを味わい、また未知のものを学習したり、いままで自分が考えてもみなかった新しい境地へとはいった喜びに胸をわくわくさせている。

そういう、きびしい、けれど楽しい創造の経験が子どもたちにあるから、ベルが鳴れば夢中で教室へ走って行き、先生がくれば、新しい期待に胸をふくらませる。先生は何気ない顔をしてはいってくるのだけれど、一瞬の間に教師と子ども、子どもと子どもとが一つになり、一つの目的に立ち向かう。

すぐれた落語家が高座へ上がり、客席をひとまわり見渡すと、ふつうの表情でいるのに、客席からは、ドッと笑い声がおこるということだが、このことは「あの落語家は、この前も自分を愉快に笑わせてくれた。きょうもきっとおもしろいにちがいない」という期待がお客にあるからだろう。

先生が教室へはいって行ったばあい、さっと集中し胸をふくらませるのもこれと同じことがいえる。そういうものがない限り、いくら「しずかにしなさい」といっても、机をたたいて叫んでも、子どもたちは集中するものではない。力のない落語家が自分でゲラゲラ笑っても、お客の方はさっぱり笑わないのと同じである。

よい授業には、すぐれた芸術作品と同じような、緊張と集中がある。そこでは、学級のどの子どもも が、みな自分を発揮し、わき目もふらず生き生きと活動し、みんなの力でつぎつぎと新しい発見をし合っていく。そしてそういう授業は、一時間の授業の仕方が独創的であり、演出的であり、また、芸術と同じような感動をよびおこすのであり、子どもはもちろん、参観者をも、その学級の学習のなかにとけこませ、いっしょに笑ったり緊張したり、発見したり、感動したり、新しいものを見いださせたりしながら、それぞれの心を新しく変革していくようにするものである。

こういう授業を受けたことのある子どもは、「勉強はおもしろいものだ」と、きっと思うようになる。みんなと力を合わせて、むずかしい問題にぶつかり、それを解決していくことは、どんなに張り合いのあることだかということを知るようになる。そして、そういう授業を見た人も、授業がどんなにおもしろく、授業がどんなに人間を変えていくものであるかということを知るようになる。

授業はそういうきびしいものである。教師は、教室という土俵のなかで、そういうきびしい授業によって、子どもと対決して勝負するのだ。

〔授業のめざすもの〕

教室という土俵で、教師は子どもと、どういう勝負をするのであろうか。それは、いうまでもなく、子どもたちが、将来おとなになって、しあわせな、ゆたかな創造的な生活をいとなむのに役だつような、知識や能力を発達させることである。

知識は、人間の諸能力を発達させる基礎になるものだが、その知識は、民族の文化遺産のなかの、すぐれたものを確実に受けつがせることであり、また、そのなかにふくまれている法則性を発見させることである。さらに、そういう獲得、発見、認識の作業のなかにおいて、自分たちの論理性とか、思考力とか、創造力とかをつくりあげていくことである。そして、そういうなかで、ひとりひとりの、自由と権利を保障する民主主義の精神を、かけがえのない生命を、できるだけ豊かにのびのびと育てようとする精神を、力強く育てあげることである。そのことは、いいかえれば、文化的民主化を、子どもの上につくり上げることである。

授業は、そういう目的を持ち、中味を持っている。そして、そういう目的を達成するためには、教師が、きびしい意欲と力と追求心とを持って授業に立ち向かい、質の高い授業をし、子どもたちの精神が生き生きと緊張して働き、意欲的に学習できるようにしてやらなければならない。授業は、そういう使命と責任を持っている。

私は、教育の仕事には、きびしい真実というものがあると思う。その真実とか真理とかは、科学や芸術と同じに、ただ一つだけのものだ。その一つだけの真実は、どんな詭弁も、どんな政治的な力も、まげることのできないものだ。

そう考える私は、教育とは、子どもたちに教えるとか、助成するとかいうなまやさしいものではなく、子どものなかにあるものを、つかみとり、引っぱり出してやる激しい作業だと思っている。地下に眠っている石炭を地上に掘り出し、火をつけて燃やすような作業だと思っている。また、子どものなかにないものまでも創り出してやる作業だと思っている。

だから私は、教師の教育の自由ということも、各人が自由に教育をやるということではなく、教師が子どものなかへ近づいていき、どの子どもが、「体積」なら「体積」を、自由におとせるようにしてやることだと考えている。日本の民衆の歴史につながり、歴史をおし進めるための力を子どもにつけてやることだと思っている。

そういう真実の授業はどんなものなのであろうか。どんな思想に支えられ、どのような展開をたどり、どのような法則を結晶させていったらよいのであろうか。

そういうものを確かめ、明確にするために、私たち教師は、現場で、毎日毎日、子どもたちに目をはりつけるようにして、仕事をし、徹底的に自分というものを追いつめ、実践し、自分たちの理論や実践をつくり出すとともに、何ものにもまげられない教育の一つの真実を、現実に子どもの上につくり出していかなければならない。

それは、目のつり上がった粗雑できめのあらい精神の持ち主や、教育理論や体系書だけを読んで、物知りぶっている、地面にしっかりと足のついていない人間にはできない仕事である。子どもを見つめ、子どもにくっついて、その上で勝負をしようとするものにだけできる仕事である。人は、教育を、政治にくらべて弱いというが、そういう仕事をしたとき、その仕事は、必然的にきびしく政治を評定することになる。私は、授業は、そういうきびしさと真実と、力を持ったものだと思っている。

2 授業の組織化

〔これまでの授業観〕

戦前の学級はピラミッド型の体系をとっていた。ピラミッドの頂点には教師が厳然と君臨しており、その下に級長とか、優等生とかがひかえていて、学級全体の子どもをおさえつけていた。できの悪い子どもとか、からだの弱い子どもとか、貧しい家の子どもとかは、それらの力におさえつけられて、ピラミッドの中辺、底辺に小さくなっていた。だから表面から見ると、学級は整然として問題がないように見えていた。

授業も、そういう体制のなかで、そういう体制を利用しながら秩序整然と進められていった。教師と、ピラミッドの上層部にいる一部の子どもたちだけの、散発的な形式的な活動だけで授業は進められていった。中辺、底辺にいる子どもたちは、生き生きと活動し、自分の力を十分に伸ばすなどということはできないままに授業は進められていた。

戦後、民主教育になって、そういうピラミッド型の体制はくずされた。級長も優等生も、ピラミッドの底辺におさえつけられ、身動きもできずにいた子どもたちも、みな同一の線上にならべられるようになった。

ところが、底辺におしつけられていた子どもたちが、そうなると急に元気になり、あばれだしてきた。これは、いままで死んでいた子どもが、生き返り、元気になったのだからよいことなのだが、学級の統制はつかないし、授業はうるさくなるしで、先生たちは手をあげてしまった。親たちからも「民主教育は困ったものだ」という声が出てきた。

〔授業を組織する意味と方法〕

たしかにピラミッド型の抑圧体制をくずし、子どもたちを解放したことは正しい。しかし、それだけで放任しておいたのでは教育ではない。生き生きとよみがえり、あばれだした子どもたちも、前の級長も優等生も、それぞれがみんな、自分を発揮し、自分を伸ばしていけるように、授業を組織していくこと、それが教育なのだ。

授業によってぜんぶの子どもが組織され、ひとりひとりの子どもが生かされ、伸ばされたばあいは、ひとりひとりの子どもの力と力とが、学級のなかでぶつかり合い、はねかえり合って、新しいエネルギーを発揮するから、学級が集中し緊張し、そのなかでまたひとりひとりの子どもは自分を出し、自分の力を築き上げていく。

学力においても、個人も学級全体も、ピラミッド型のものとは比較にならないほどの高い質のものを持つようになる。そうなってはじめて、級長も優等生も、あばれだした子どもたちも、真に満足し緊張し、充実し、それぞれが自分の持っている力を十全に出しきるようになる。そして、学級全体も授業も、ピラミッド型のときとは異質の、力のみなぎった秩序を持つようになる。表面きちんとはしているが、紙細工のように中味のなかったものが、空気のいっぱいはいったゴムまりのような力強いものになってくる。動的な、静かなうなりをたてた力が、学級にも授業にもみなぎっているようになる。

そういう授業をするには、学級の全員を、十ぱひとからげにしてとりあつかい、それらの全体にむかって形式的な一律的な講義をしていたのではだめだ。それは形式主義であり技術主義である。

学級には、それぞれ特定の、矛盾を持った子どもたちが集まっている。授業は、そういう子どもたちのひとりひとりに、直接に働きかけながら、その反応の事実に即して、それを組織し発展させなければならないものである。それをしないで、対象を固定化し、画一的な方法をとることは、ピラミッド型の体制のなかでやる教育であり、子どもを殺してしまうことである。

それでは、ピラミッドをくずし、同一線上に並べた子どもたちを、どういう方法で組織したら、新しいエネルギーにみちた、集団にしていくことができるのであろうか。

その一つの方法は、学級の全部の子どもの学習を、相互に接触させながら、つぎつぎと発展させ積み上げていくという、組織的な、構成的な授業をすることである。

学級の子どもたちは、いま、一つの教材に立ち向かってそれぞれで学習している。教師は、そういう子どもたちひとりひとりの思考や論理や、発見や、あやまりなどを的確に見てまわり、それへの指導をする。

子どもは、自分の考えが決まったり、問題につきあたったりしたとき、教師のところへ行くものもある。友だちのところへ行って、考え方のちがいを検討したり、いっしょに考えたりもする。教師もまた「その問題は、××ちゃんがやっているからいっしょに考えてごらん」とか、「××ちゃんと反対になっているが、いっしょにやってみて」とかいって、子どもと子どもとの接触をはかってやる。このようにして子どもたちは、AとB、CとD、EとF、GとHというように、それぞれ相互に接触し、考えを深め合っていく。

AとBとは、自分と相手とがどこが同じで、どこがちがうか、それは何のためか、など考え合っているうちに、Aも新しい発見をし、Bも新しい発見をし、AもBも、自分だけで考えていたときとは別の次元のものに、自分の学習が発展する。さらに、話し合い考え合っているうちに、AとBの学習が発展しただけでなく、AとBとの間に、xという全然別個の考え方が生まれてくる。これは、芸術において、主体と客体との相互の交流のなかに、主体でも客体でもない、全然別個のものが結晶してき、それが作品となるようなものである。

CとDもxを生み出してくる。EとFも、GとHも、それぞれの組がみなxを生み出してくる。教師は、それぞれの組の生み出したxをまたつなぎ合わせてやる。AB組のx_1と、CD組のx_2とをつなぎ合わせ、四人で考え合わせる。EF組とGH組とのx_3、x_4をつなぎ合わせる。すると、それぞれにまた新しいxが生まれてくる。それは図にしてみると上のようになる。

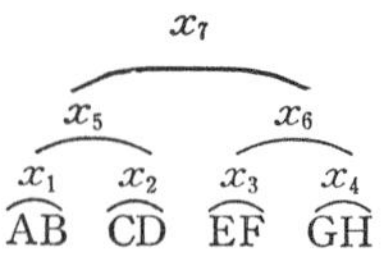

もちろん、その間、個人だけのものが、つなぎ合わされることもあるし、他と接触交流しないまま、個人だけで、また組だけで解決してしまってよいものもある。それは、教師の、その教材についての考え方に

よる。

このようにして、だんだんと、その教材についての重要なものが、選びぬかれ、新しい次元へと高められながら、学級の全部の子どもの学習が、組織され、積み上げられていく。そのたびに子どもたちは新しい発見をし、新しい高い次元の学習へとはいっていく。そして最後に、みんなして積み上げた結果の問題が検討され、それがまた高いxを生み出していく。

こういう、子どもと学習を組織していく授業は、教師にとっては、画一的な授業より、はるかに骨の折れることである。だが、こういう授業は、子どもと子ども、教師と子どもとが、教材という具体的なもので、相互にぶっつかり合い、火花をちらし、混合でなく、化合のような、xという結晶を、そのときどきにお互いの間につくり出し、核爆発のようなものを起こしているから、授業がエネルギーを持ち、充実感にあふれている。一時間でも二時間でも、子どもたちが生き生きと集中して学習するような授業になっている。

こういう学習指導の方法は、授業の、いつのときでもやっているということではない。だが、そういうように子どもが訓練され、先生の考え方がそのようになっていれば、そういう形で授業がすすめられていないばあい、説明や講義で終わるようなときでも、授業の結果は同じものになる。それはこういうことである。

$\frac{1}{2}$かける$\frac{1}{3}$という教材を、ＡとＢで接触して考え合っているとする。そのばあい、Ａははじめから計算だけはできていた。Ｂは計算もできなかった。それを、ふたりの接触の結果が、Ｂが計算ができるようになっただけだとすれば、Ａは必ず不満になる。喜びを持たなくなる。Ｂが計算ができるようになるという新しい世界をもつとともに、Aも計算ができる以上に、新しい発見をし、新しい次元へと自分の学習が進んでいかなければならない。さらに、AとBとのふたりの間に、xという全然ちがう世界がひらけてこなければならない。それはつぎの図のようになり、線とxだけを両者が獲得したことになる。

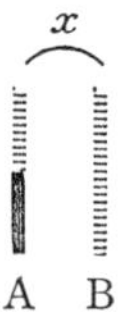

学級全体のばあいも同じなのだ。つぎつぎと核爆発が起こり、どの子もつぎつぎと新しい世界へと、驚きにみちみちながら引き上げられていくのでないと、子どもたちは満足しない。教師が説明をし、講義をするばあいも、ひとりひとりの子どもの思考や学習が異質な世界に引き上げられていくような説明や講義をすれば、つぎつぎとxがひとりひとりの心や学級全体の上につくられていくから、全部の子どもたちが満足する。

〔教師のつつき出し〕

そういう世界へ持っていくためには、教師の力が大きくものをいう。子どもたちの学習がどんな高いところへ進んでも、つぎつぎとその発展に応じて、さらにその上の世界へと、子どもの思考や論理をつきあげていけるような力を、教師が持っていなければいけない。

五年生の教室でのことであった。国語で「ラジオの新聞をおとどけいたします」という文章を、学級全体で追求していた。子どもも先生も、すばらしい追求をしていたが、「ラジオの新聞をとどける」ということが、まだ、はっきりとつかめないようだった。

そこで私は、「声がとどく」ということはどういうことかを問題として出し、ついで、新聞は紙と活字でつくるが、「ラジオの新聞」というのは何でつくるのかをはっきりさせ、それから、文章の方へとはいっていった。子どもたちは「あ、わかった」といってどよめきだした。担任の先生も、「はっきりしないところがはっきりした」と喜んでいた。

子どもたちの学習を組織し発展させるとき、教師に、問題をつつき出す力があるかどうか、それがうまいかどうかは重要な問題になる。子どもは、そのつつき出し方が正しければ、つつかれてもつつかれても、新しい次元へと自分たちが進んでいくのだから、愉快になり満足する。

私は授業というものは、子どもたちの学習の結果を組織して積み上げていくことと、教師のつつき出しによって、小爆発大爆発が、つぎつぎと起こっていくかどうかによって、決まってしまうのだと思っている。

そういう作業のされているよい授業は、いつも、さざなみを立てている。うねった波をたてながら、交流し、高まっている。見ている人の心をゆさぶるようなものを持っている。「心をゆさぶられるということは、幸福の最たるものだ」という実感を、しみじみとつたえてくる。

そして、そういう授業のなかで子どもたちは、「AがAなりに、BはBなりに」という進み方でなく、「AがA′に、BはB′に」というぜんぜんちがったものへと自己を変革していく。学級という集団もまた、それまでの学級とは異質な世界へと進んでいく。

それは、子どもも教師も、いままでの自己と、学習によって激しく闘争する結果である。学級集団も、いままでの自分たちの集団を、学習にぶっつけて、それと闘争する結果である。人間発展の原動力である学習での闘争が、組織化された授業のなかで、きびしくされているからである。

3 集中した授業

〔みんなの心が集中した授業からの感動〕

一つの問題に、教室中が集中している。廊下にもにおいがくる。すばらしい緊張。そしてぐんぐんと上昇していく応答、きらきら輝く目、熱っぽい空気のかたまり、そして最後の爽快な満足感——それは新しいエネルギーだ。——よい学習をした充足感、それは、自分の心のなかにうっせきしたものを、とき放って、生命の更新された喜びであり、精神が古いかすを取り去って、新しく動き出した喜びである。

私は、私の学校のすぐれた授業を見ると、いつもこんな感想を持つ。すぐれた授業は、いつもそんなふうに進められている。それを見ると私は、いつも胸がどきどきする。からだ中が引きしまるような興奮を押えることができない。

私の学校のこういう授業は、私ばかりでなく、外部の多くの人たちが見ている。そして同じような感動を語っている。村のお母さんたちも、やはり同じような感動を持って見ている。参観人がいっぱいで、はいりきれないときなど、村のお母さんたちは、子どもたちの顔の見えない廊下に立って、じっと下を見たり、耳に手をあてたりして、子どもたちの声に聞きいっている。

こういう授業の秘密はどこにあるのであろうか。それはもちろんふだん子どもたちが、学習によって訓練され、力がつけられており、いま学習している問題を明確にとらえ、それに向かって明確に追求していっているということが原因になっている。

また、追求心がさかんだということも原因になっている。真理を追求するということは、自己と闘うということだが、そういう喜びを、教師も子どもも持っているから、どんなむずかしい学習問題と対決しても、それを困難と思わないで、つき破ることに最大の努力をはらっている。それをつき破り、新しいエネルギーを生み出す喜びを知っている。

〔整理ときりとりは授業に必要である〕

それらさまざまな原因があることももちろんである。また、前に書いた、子どもと学習が組織化された授業をするということも前提になっている。が、ここでは、集中した授業をするための「整理」「きりとり」ということについて書いてみたい。

それぞれの矛盾や特質を持ったたくさんの子どもたちが、学習に立ち向かっているのだから、そこには種々さまざまな考え方や問題が生まれてくる。AにもBにも、CにもDにも意見のちがいや新しい発見がある。AとB、CとDとの接触のなかからもまた新しい問題がとび出してくる。そういうさまざまな問題を、そのままごたごたと進めていったのでは、授業は雑然となり、子どもは疲労し、新しい核爆発は起こらなくなり、集中した授業にならなくなる。

そこで教師は、それらさまざまの子どもたちの学習問題を、あるものはその個人だけのものとして処理し、あるものは、AB、もしくはABCDという幾人かの範囲のなかだけで処理し、きりとってしまう。またある問題は、教師が、その問題をみんなの前へ出して、その段階のうちに処理し、みんなの共通の理解のものとしてしまう。

こういう作業をつぎつぎとしているうちに、学級のみんなの学習対象は少なくなり狭くなる。その少ない対象に向かって全員が追求していくことになる。

それは、個人から出発し、ふたりもしくは数人の自然のグループになり、その間に個人と個人の交流、個人と教師の交流、グループとグループの交流、個人やグループや教師から全体へのよびかけなどが行なわれながら、だんだんと全員の学習が幅広くなり深くなっていく。このなかで、きりとられるべきものはきりとられ、残されるべきものは残され、学習対象が狭く深くと進んでいくわけである。そのように教師が整理し、指導していくわけである。

それは、ちょうど鵜飼が、たくさんのひもを手であやつり、さばいているようなものである。教師は、自分の手に持ったひもの先に、学級全員のひとりひとりを確かに握っている。そして、子どもの学習の変化に応じて、示唆を与えたり、もつれをほぐしてやったり、他の子どもと接触させたり、ひとりの問題を、みんなの問題としてやったり、発展させたりしながら、だんだんと、ぜんぶのひもを自分の方へたぐり寄せてくる。それは、学習の中心へ中心へと、学級の全員を引き寄せていくことである。

そういう作業のうまい先生がいる。あれよあれよと思ううちに、子どもたちが、ぐんぐんと高い学習へ高い学習へと、引き寄せられてしまう授業がある。そういう授業を見ていると、先生のひものさばき方がまことにあざやかである。学級全員を、具体的な学習の問題によって有機的に結びつけ、それを、一本のひもで自由自在に引っぱっている。

ひものさばき方があざやかだということは、先生が、子どもの変化に応じて、子どもたちのさまざまな学習をきりとり、整理し、学級の学習の問題をそのときどきに単純化し、ぜんぶの子どもに少ないはっきりとした問題を与えながら、それに向かって明確に集中させ発展させているということである。

集中した緊張した授業は、そういう教師のさばき方とか、整理の仕方とかのなかから生まれてくる。

4　なぜ平板な授業になるのか

〔未組織の授業は平板だ〕

よい授業は集中していく密度があり、うねりがあり、授業の進行のなかに山あり谷ありで変化がある。そしてそれは、教師が、子どもの学習を組織し発展させていく手腕によるのだが、子どもたちは、こういううねりのある、力動的な授業のなかで緊張し集中して高められていく。

これに対して、悪い授業は、のっぺりとしていて平板である。それは、よい授業が、ちみつな組み立てがあり、組織化と発展があるのにくらべて、そういうものが少しもなく、表面の形だけをまねて、教科内容の上を、ざあっと通りぬけているから、集中していく密度のたりない、感動のない、平板なものになってしまうのである。

六年の泉さんの教室へはいってみた。むんむんと、むせかえるような学習への立ち向かいの迫力が、教室全体にみなぎっていて、圧倒されるようであった。私は感動しながらとなりの五年の根本さんの教室へはいっていった。そこでも、六年と同じような形式で授業が進められていた。だが、この教室のふんいきは、空気のぬけたゴムまりのような感じで、力のぬけた白々しい感じのものだった。見ているのが息苦しく、気の毒になるような、内容のない空虚な感じのものだった。

その授業は算数だった。黒板に三人の子どもの解答の計算が子どもの手で書いてあった。子どもたちはそれを確かめるために、ひとりひとりで、また、幾人かで勉強し合っていた。教師は型どおりに子どもたちの間をまわって指導していた。だが、それは形だけで、少しも子どもたちを結びつけたり、問題を生き生きと発展させたりするものではなかった。

そのうち先生は、みんなの学習をやめさせ、「どこだかわかるか」といった。この質問もあいまいなものだった。子どもたちが三人の計算のあやまりを指摘すると、「そうですね」と、赤チョークでその場所を、ちょこちょことなおしただけで、「だいたいわかったようですね」といって、おしまいにしてしまった。

ついでつぎの問題に移った。「電柱が二十五メートルおきに十本ならんでいます。電柱のはしからはしまで何メートルあるでしょうか」という問題が後の黒板にかいてあり、五人の子どもがその解答の式と計算と答を後ろの黒板に書いていた。

先生は「よく見くらべてください」といって、少しの間、子どもに考えさせた。そしてそのあと、五人の子どもに説明させた。説明が終わると、やはり他の子どもたちにまちがったところをいわせ、「そうですね」といって、赤チョークでなおしていた。それだけでこの算数の一時間の授業は終わりになってしまった。

こんなものが授業なのであろうか、まことにのっぺりとしていて平板な、何も教えていない、何も考えさせていない授業である。これでは教師は遊んでいるのと同じであり、事務をとっているようなものである。子どもたちは、あきあきした顔つきをし、「バカバカしい」という顔つきをしていたが、これでは子どもが不満になり、だらけてくるのも無理もないことだと思った。

そういう授業をする先生が幾人かいる。その先生たちも、個人としてはよい人であり、勉強家で努力家で、教養もあり、子どもにも親切な先生であったが、学級の子どもの顔がくらくなり、はずみがなくなり、不満を持ったり、反抗的になったりする。そういう先生を見ていると、どの先生もやはり授業が平板ではずみがないのだった。

ある先生は、克明にひとりひとりをよく見てやっている。一斉教授もよくしている。けれどもそれは、一時間中同じ調子であり、ふくらみとか、爆発とか、盛り上がりとか、息をのんで考え合う場面とかが少しもない。ある先生は、教卓のところで子どものノートを見てやるときも、ただその子どもひとりと対しているだけで、他の全体の子どもの方に少しも網を張っていないから、一生けんめいやっているのだけれど、学級の学習にゆらぎがでてこない。みんな平板に一本調子に一時間をすごしている。

こういう平板な一本調子の授業をしていると、子どもはだれ、集中しなくなり、きびしい意味での秩序もつくることができなくなる。平板な授業は、形式的に子どもを統制しているから、授業の終わったとき、統制のとかれた子どもたちは、解放された喜びに燃えて、わめきながら教室からとび出していくということになる。

秩序というものは、外部からの統制によってできるものではなく、授業が本質的に力強く進行していく結果として生まれるものである。私の学校では、一年生も毎日二時間ぶっつづけで授業をしているし、五年生、六年生になると、午前中いっぱい授業をしつづけることもある。また六年生では国語の一つの教材を、三十何時間も学習していたが、それらはみなすばらしい秩序を持っていた。それはみな、授業が平板な平凡なものでないからできることである。

〔授業の平板になったときの方策〕

私は、平板なつまらない授業なら、しない方がよいと思っている。渋沢千枝子さんは、すばらしい授業者であったが、一年から二年へ持ち上げをし、しばらくの間ゆきづまってしまったことがあった。あせればあせるほど子どもが動かなくなってしまった。

渋沢さんは、持ち上げだったので、高い要求を子どもに出していたが、それにともなう爆発的な授業をすることができなかったのだ。私は渋沢さんに、「授業をやめて、一週間ばかり、毎日河原へ行って子どもと遊んだらどうですか」といった。幾日か遊んでいるうちに、渋沢さんは、「子どもが前のようになってきました」といってきた。授業をはじめたところ、よい授業ができるようになったというのだった。

平井静子さんは、東京からきている若いすぐれた先生だったが、下宿住いをしていたので、ときどきたまらなく家へ帰りたくなることがある。はじめて一年を担任して、一カ月ばかりたったときもそういうことがあった。私は「平井さん、そんな気持で授業をしていたってだめだ。二、三日休暇をとって東京へ行って遊んできなさい」といったが「そうしたいのだけれど、一年生だから心配でいけないのです」というのだった。

だが私は、「そんな気持でだらだら授業しているより、遊んでさっぱりして帰り、意欲的な仕事をする方が子どものためになるのだから行ってきなさい。平井さんがいなくなる方が子どももいい子になる。帰ってくれば子どもも前よりいい子になっているから」といって無理に休みをとらせた。

平井さんは休暇を終わって、はればれとした顔をして帰ってきた。「どうだった。一年生がいい子になっていたでしょう」というと「ほんと、びっくりしちゃった。不思議ねえ」などといって、きおいこんで教室へ行くのだった。子どもが新鮮に見え、気ぐみがちがったのにちがいない。

三日河原へ行って遊んでも、三日休暇をとってきても、新鮮に子どもを見、よく準備された心で子どもに立ち向かい、盛り上がりのある授業をし、子どもたちを生き生きと育てた方が、どんなによいかわからないのである。惰性で平板な授業をしていることが、教育ではいちばんいけないのである。

5 教師の「人間」

〔教師の「人間」と授業の関係〕

授業が生きて働くようなものになるためには、教師の人間の問題が大きな要素となってくる。

その一つは、教師が、自分自身を大切にする人間になることだ。人間のいのちを大切にするということのはじめは、自分自身のいのちを大切にするということである。自分が大事だから人も大事にするということができる。物をていねいにあつかったり、自分のことばをていねいにしたりすることも、やはり自分を大切にすることのあらわれである。

そういうことのできる教師は、ことばや物と同じように、しみじみと子どもを大事にすることができる。校庭で遊んでいる子どもを見て、楽しそうだと感じる教師もあるし、無感動な教師もいる。また、うるさいと感じる教師もいる。

私は、私の学校へくる人を見るとき、その人が、門から玄関まで、子どもなど見向きもしないで、すーっとはいってきてしまうかどうか、子どもを見ながら楽しそうにゆっくりと歩き、ときどき立ちどまったり、子どもに話しかけたりしているかどうか、その二つによって、いい人だなあと思ったり、そうでなく思ったりする。すーっとはいってきてしまう人は、子どもを大事にしていない人だと思ったりする。

私の学校の子どもたちも、ずいぶんあばれたり茶目をする。窓わくの上にのぼったり、あちこちの木へのぼってゆうゆうとしていたり、ときには一年生がピアノの上へあがったりしている。

そういうものを見たとき、乱暴な子だと思ったり、憎らしいと思ったりする人もいるにちがいない。「木にのぼって、いい気持そうだ、あんなに葉の茂っている間にはいっているのはいい気持なのだろう」と、子どもの側に立って見る人もいるにちがいない。私は、いつも後者のような感じ方をして子どもを見る。

私は、石河原に坐ってよく小石をなげてみる。チチチチとかピンピンとかさまざまの気持のよい音をたてながら、その石はつぎつぎと他の石にあたってはねていく。私はその音を聞くたびに「ああ子どもたちがビー玉が好きなのも、こんな音に魅力があるのだな」と思ったりする。そういう気持で、子どもたちが夢中になっているビー玉遊びを見ていると、それまでとはまたちがった気持で見るようになる。

授業のばあいも同じことがいえる。教師が、子どもの発言や表情や動きに、ほんとうに感動し、心から「いいなあ」と思ったり、それを大切に取り上げたりするとき、子どもたちはそのことばをまっとうに受けとめ、喜び、それを大切にして、さらに高いものへと努力していく。教師のそういう態度は、下手な説教より、はるかに強く子どもの心に食い入っていく。

子どもを大事にするということは、具体的であってはじめて意味がある。だっこをしてやるとか、おんぶしてやるとか、頭とか手とかをさわってやるとかは、そのいちばんのあらわれになる。そういうことが、楽しくてならないような先生のまわりには、いつも子どもたちがつきまとっている。

職員室にいると泉さんの澄んだ声が廊下に聞こえてきた。「ケイ坊を呼んできておくれ」「ケイ坊おいで」泉さんはケイ坊をつれて職員室へはいってきた。そして、「ケイ坊の手、いい手だね。これで、よくあらえばもっといい手になるのだがな」などといいながら、一本一本の指を持って、爪をきってやっていた。泉さんは、授業のときも、そんな調子でひとりひとりの子どもに向かっているのだった。

志賀さんは、子どもに話をするとき、学習の弱い子どもの肩に両手を置き、腰をかがめるようにして話をしていることがよくある。その志賀さんの話は、肩へ置いた手からその子どものからだへつたわり、その子どものからだから、また学級全体の子どものからだに、しみじみとつたわっていくように見える。

〔実践を通して教師の「人間」は磨かれる〕

教室にも、その教師の人間がよくあらわれているものだ。平井さんの教室は、平井さんらしいおおらかな、けれども子どものひとりひとりに直接呼びかけ、働きかけていくような工夫がされている。森田さんの教室は、森田さんらしいやわらかい明るい色調で気持よく統一されており、森田さんの教室の子どもがそこにはぴちぴちとおどっている。渋沢さんの教室は、きちんと整理されており、そのときどきのその学級の高い学習の結果である子どもの学習物がむだなく並べられている。泉さんの教室は、泉さんの手に持ったひもで、子どもたちが自由自在に引きあげられていくように、教室のどんなささやかなものにも、子どもをよくしてやるんだという意志がこめられている。みんなどの教室も、いのちを持った生きもののようである。

だが、川尻弘さんや、幾人かの平板な授業をしている先生の教室は、教室そのものも平板で個性がない。形は他の教室と同じようになっている。きちんとしている。張ってある紙などもまがってもいない。けれどもそれは、何か第三者に見せるためのように見える。そういう気持は本人には少しもないのだが、ならべてあるのが抽象的で、そこには子どもがいない。子どもひとりひとりへの具体的な呼びかけがない。愛情というものが見えない。そのため、そういう事務的な感じに見える教室になっている。

これも授業と同じに、その教師の人間のせいなのであろう。人間のせいということは、川尻さんやその他幾人かの先生の、個人的な人間をいうのではなく、授業のばあい、教室づくりのばあい、子どもへの呼びかけ方、子どもの引き出し方、子どもを大切にするということはどういうことかという、ほんとうのことが実践としてわからないから、結果としてそうなってしまうのだ。

6　見えないということ

〔**ごみが見えない教師は落第だ**〕

私は、教室や廊下にごみがちらかっていたり、はいり口のガラス戸のみぞにごみがたまっていたりするとひどく気になる。それは、その教室の先生や子どもに、そういうものが見えないということが気になるわけである。

こういうことをうるさくいうことは、形式家のようにとられるかも知れないが、私の見る限りでは、そういうものの見えない教室は、やはり授業が粗雑であり、平板である。それは、ごみが見えないということは、教師に子どもの心理や、学習の動きが見えないということと一致しているからだ。みぞのごみが見えるようになれば、子どもの動きも見えるようになるし、子どもの動きが見えるようになれば、みぞのごみも見えるようになる。そうだとすれば、みぞのごみを見えるようにすることから、教師が、教師としての自己訓練をしていくことも一つの方法だと私は考える。

ずっと前の「子どもの日」のときであった。親たちがいっぱいきて行事をするのに、教室や廊下がきたなくなっていることがあった。その日は、庭でも子どもたちや親たちが、走ったり遊戯をしたりするのに、校庭にはガラスのかけらが散らかっており、幾つかの穴もあいていた。私はそのとき、「これは食事の前に食卓の上をふかないようなものだ。舞台である教室や庭の、ごみや、ガラスや、穴が見えないということは、子どもや自分たちの仕事を大事にしていないことなのだ。もし見えないとしたら、やはり教師として反省しなければいけないのだ」といったのだった。

〔子どもの見えない教師〕

田中健一さんが野外劇の指導をしていた。見ていると、築山のかげにいて、出を待っている子どもたちがざわざわしている。出場している子どもは一生けんめいやっているのだが、かげにいる子どもたちがうるさいので、全体の感じが何かぴたりとしない。田中さんにはそれが見えなかった。

私は田中さんに練習をやめてもらい、築山の陰にいる子どもたちに話をした。「築山の陰にいることは、もう舞台に立っていることなのだ。演技はしていなくても、演技をしている人たちの動作をよく見、音楽をよく聞いて、劇のなかへはいってしまわなければだめなのだ。そうすることによって、演技をしている人たちも気持よくできるし、みんなが出るときもよくでき、劇全体がよくなるのだ」というようなことをいった。

そういう話をしてから、またはじめから練習してもらった。こんどは校庭全体がしずまり返り、ぜんぶが劇に集中していった。

田中さんは、劇の指導のうまい人で、演技をしている子どもたちのことはよく見るが、こういう築山の陰にいるような子どもはさっぱり見えない人だった。それが田中さんの弱点だった。

教師は、たとい、築山の陰にいる子どもの姿が見えないばあいでも、またその子どもたちが少しも話をしていないばあいでも、劇のなかへその子どもたちがはいっているか、それともただぼんやり坐っているか、そういうことが敏感にわかるようでなければならない。

このことは、授業のばあいも同じである。ひとりの子どもを指導しているときでも、教師が自分で朗読をしてやっているときでも、黒板に向かって字をかいているときでも、いつでもぜんぶの子どもの動きが見え、感じとれるようでないと、ぜんぶの子どもを生かし、ぜんぶの子どもを充実した授業のなかへ引き入れることはできない。劇のばあいでも、子どもたちをほんとうに充実させるような劇をさせることはできない。

川尻さんも同じような弱さを持っていた。音楽の指導をしているとき、二拍休むところを子どもたちは休まずに歌っていた。だが伴奏をしている川尻さんは、少しもそれに気がつかない。指摘すると「ああそうですね」といって歌いなおさせるだけだった。

川尻さんには同じようなことが何回もあった。二年生と三年生を集めて、入学式のときの歌を習わせているところへ途中から私ははいっていった。すると一場所どうしてもおかしいところがある。私は楽譜は見ていないのだが、どうもおかしいので、「川尻さん、あそこ、変ではないですか」というと、川尻さんは「そうですね」といって楽譜の説明をし、また歌わせるが、何回やっても子どもたちはなおらない。川尻さんは楽譜は知っているのだが、子どもたちのまちがいが、からだでわからないのだ。子どもたちが、どうまちがっているかがわからない。だから何回説明しても、それは子どもたちに力となってひびいていかない。

私は「いまのところの譜を黒板に書いてください」といって、黒板に書いてもらった。それを見ると、子どもはそれとはぜんぜんちがって歌っているのだった。譜と子どもの歌とのちがいをはっきりさせて、それから歌わせた。そうすると子どもたちはあっさりと、すぐ正しく歌ってしまうのだった。

その部屋には田中健一さんや、中本愛子さんもいたので、「ちがっているところがわからなかったのですか。わかっても指摘しなかったのですか」と聞いてみた。二人の答えは「はっきりわからなかった」ということだった。川尻さんも同じだった。

これも、見えないということだった。見えないということは、授業には致命的なことだった。だから川尻さんは、素質もよいし、人間としても立派な人だし、子どもにも暖かく親切だのに、それでいて子どもは高まらないのだった。音楽もあまりよくならないのだった。川尻さんの弱さは、川尻さんに子どもが見えないということと、指導に迫力がないということだった。

〔教師の自信と迫力〕

川尻さんは人がよく、誰に向かっても謙虚であり、誰に向かってもひょこひょこおじぎばかりしている。誰のいうことでもすぐ聞いてしまう。子どもたちにも親切すぎ、子どものいうままに腰をまげ忙しそうに「ハイハイ」ととびまわってめんどうを見ている。さまざまなめんどうを見すぎるから全体がよく見えない。私は、若い川尻さんが、もっと腰をのばし、自信を持って子どもや仲間に向かうようにならない限り、子どもはよくならないのだと思う。

川尻さんは、どうしてあんなにひょこひょこおじぎばかりするんだろう。もみ手をしながら、腰をかがめるようにものをいうのだろう。そして、いつも肩をすぼめるようにしてみんなの間にはさまっているのだろう。

ピアノもよくひけるし、作曲もするし、音楽の素養もあるのに、どうして音楽のことまで、すっかり遠慮してしまったような感じでいるのだろう。何だか気の弱い番頭さんみたいで、いちいちおじけているようにみえる。

ほんとはそうではないかも知れないけれど、話していると、何となくもどかしく落ちつかなくなる。川尻さんは、何か自分にコンプレックスを感じているんじゃないか。真っ向から、ドカーンと物をいって、ドカーンと傷を受けて、そのなかから立ち上がるような、バックボーンみたいなものがほしい。

川尻さんは音楽が得意なのだが、一つの曲を子どもに教えるばあい、その曲について責任を持って——ということは、少なくとも、何らかの感動をもって、その美しさを子どもに感得させ、それを表現させたいという熱意を持って——教えているのだろうか。

もしもそうやって教えても、子どもが深く受けとめて、感じてくれないとき、その曲についての自分の感じ方をもう一度真剣に考えてみるだろうか。何か器用にその場でまとめてしまおうと安易なやり方をしていないだろうか。

私はいつも川尻さんにそんな気持を持っている。そしてこのことは、単に音楽ばかりでなく、他の教科ぜんぶについても、いえるのではないかと思っている。

川尻さんがもし、ほんとうに教科について責任を持って教えるようになれば、川尻さんの授業は、もっと、弾力を持つようになり、気ぐみが出てき、子どもの学習が見えるようになり、おこったり感動したりして教えるようになるにちがいない。私は教師は、おこるか、感動するか、どうしても語りたいと思うか、それ以外はベラベラおしゃべりしてはいけないのだと思っている。

7　人と人との心の読みとり

〔**教師は微妙な心の持主でありたい**〕

福岡県からきた参観者を案内して、二年生の教室へはいって行った。振り向いてにこっとする子、「校長先生」と小さい声で呼びかける子、手をあげたり、こっくりしたり、手を私の手にさし出したりする子、それがみんな親しいあいさつだった。

ひとりの女の子が私に向かって「先生ここにかけな」といって、となりの子の方へにじりより、あいた席を指さした。私がそこへかけると、にこっとして肩につかまった。すると他の三人の子どもが、「先生、ここがあいてる」と、参観者に向かって何度もいった。だが、参観者はそれに気づかなかった。私にいわれてはじめて気がつき、子どもの好意にこたえた。

他の参観者がきたときであった。一年生が給食の準備をしていた。当番の子どもが男の子も女の子も、かわいらしいエプロンと帽子をつけて、パンやミルクをくばっていた。他の子どもたちはみんな席についていたが、皿やパンがくると、それをじゅんに後へ送って、またたくまに各自のところへまわしてやるのだった。

休んでいる子どものパンを紙に包んで、とどけてやる用意をしている子もいる。自分の机の上のパンや副食物の位置をなおしている子どももいる。当番以外は席を立たないのだが、ぜんぶの子どもが何か役割を持ち、むだなく動いていた。

楽しい話し合いをしながら食事が終わると、また食器がつぎつぎと前の方へ送られていき、当番の子どもがそれを箱に入れて給食室へ持っていった。

そんな姿を私は、すばらしい動きだと、感動しながら見ていたが、となりにいる参観者は、「給食費は月幾らですか」などということをつぎつぎと質問してきた。私は、音楽や劇を見ているとき、「いま何時ですか」と問いかけられたときのようないらだたしさを持った。

二年生のばあいも、この一年生のばあいも、そういうよさとか美しさとかが見えないということは、そういうものに感染するこころが教師にないということだ。私は教師は、そういうものに、微妙に感動する心を持っていなければならないのだと思っている。

授業のばあいも同じである。授業で大事なことは、教師に、他人の心がよくわかり、他人の心によく感染することができるかどうかである。つまり、他人の喜びを喜んだり、他人の悲しみを悲しんだり、心で他の人間と結びついたりすることが、強くできるかどうかということだ。

〔子どもにも微妙な心を〕

そういうことは、教師ばかりでなく、子どもにもないと、よい授業をすることはできない。

渋沢さんの担任していた五年生だったが、正子さんという女の子が上のような計算をしていた。

$$\begin{array}{r} 800 \\ 15\overline{)8400} \\ \underline{840} \\ 0 \end{array}$$

学級のみんなで、正子さんは、どこをどうまちがったのだろうかと、考え合っていた。正子さんは、8をたて、それを除数の5にかけて、40を被除数の40の下へ書いてしまった。そして8に1をかけて、被除数の8の下へ書いたのだった。

そういうあやまりの段階がはっきりわかったとき、ひとりの男の子が「あ、そうだ」と、いかにも感心したようにいった。するとそれに引きつづいて他の男の子が「ちょうどわりきれるものね」と、いたわるように、同感するようにいった。

私は、そういう学級の姿に感心した。ひとりの子どものあやまりをみんなして考え、「なるほどまちがえるのも無理はない。ちょうどわりきれるもの」といって、まちがった子どもの気持に感染し同感する子どもたちを、いいものだと思った。

六年の教室でのことだった。田中さんが担任だったが、子どもたちが、ひとりひとりで考えたり、数人より集まって学習したりする場面だった。先生は、その間へはいって質問を受けたり、指導をしたりして、学級の問題を、積み上げる努力をしていた。

そのうち田中さんは、ひとりの子どもの問題をみんなの場所へ持ち出した。その子どもの問題を、その段階でみんなの場所へ持ち出し、解決させておく方がよいと田中さんは思ったのだった。

だが、そのとき、三人の子どもが図書室へしらべに行っていた。田中さんも、学級の子どもたちも、そのことに気がつかないままに問題がみんなの場所へ発表された。

私はそれを見て、「ちょっと待って」といい、「いま三人の子どもがいないのだが、その間に、よい勉強ができたら困るのではないか」といった。子どもたちは「あ、そうだ」といって、三人を呼びに行った。こういうことから子どもは、お互いの間に心のふれ合いをし、みんなで感染し、ひびき合うということを指導されるのである。

私の見ているよい先生は、みな、教え方にも、心のふくらむような暖いものがにじみ出ているし、人と人との心のふれ合いも微妙だし、子どもの感情や思考の動きなども的確に、暖く、よく読みとる能力を持っている。子どもも同じである。このことは、芸術の世界で、自然や人間と向かい合ったとき、それらと即座に交流し、対象を的確に把握し、新しい一つのものを創造していく態度に似ている。すばらしい授業、気持よい授業は、みなそういうものを持っている。

8 実践と思想

〔「××ちゃん式まちがい」法の発見〕

私の学校の指導方法の一つに、「××ちゃん式まちがい」というのがある。算数の立式とか、計算とか、文章の解釈とかをするとき、子どもたちのなかには、さまざまなおかしなまちがい方をする子どもがいる。上のようなまちがい方はよく出る。

$$\begin{array}{r} 3.2 \\ +\ 4.8 \\ \hline 71.0 \end{array}$$

こういうまちがいを先生は発見して、それを学級のみんなの場所へ出し、「××ちゃんはどうしてそんなまちがい方をしたのか」と、みんなに考え合わせ、その子がまちがっていく経路や、原則のようなものを、はっきりと引き出させる。

子どものまちがい方のなかには、一般的な類型的なものもあるし、その子特有のものもあるが、どちらも、そのまちがい方をはっきり解明すれば、そこで出たものを、同じようなまちがい方をした他のばあいに適用することができる。

そういう考えから、一つのまちがい方を見つけると、それをみんなして究明し、まちがい方がわかると、その子の名前をつけて、「××ちゃん式まちがい」とし、あとで同じようなまちがい方が出たばあい、「ああ、これは××ちゃん式まちがいだ」といって、「××ちゃん式まちがい方」の法則をあてはめ、簡単にその問題のまちがい方をはっきりさせるわけである。

この方法は、そういう利点があるばかりでなく、学級を、学習を通して、一つの結びつきのある集団にすることにも役立つ。

それは、まちがった子どもが、自分のまちがいをみんなの場所へ出してくれたから、学級の全体が、まちがい方の法則を勉強することができたのだ。そういう意識をみんなが持ち、まちがった子に感謝し、また、まちがった子も、劣等感を持たなくなる。そういうことから、学級の全員が、まちがいをみんなのところへ出すのは恥ずかしいことではない。それどころか、まちがいを進んでみんなのところへ出すことこそ、学級全体の学習を進めることだ、という意識をもつようになる。

ふつうの教育のばあい、子どものまちがいを、まちがいとして指摘すると、多くのばあい、その子どもを恥ずかしめ、攻撃するということになる。もしくは、その子にみんなが恩恵を与え、教えてやるということになる。だから、そこでは、まちがった子どもは劣等感を持ち、他の子どもは優越感を持つ。そのため、自分のまちがいを、みんなの場所へ出すことをいやがるようになる。

だがこの「××ちゃん式まちがい」の方法は、その逆だ。とくに「××ちゃん式」というように「式」ということばを使ったことに意味がある。それは「式」ということばで、そのまちがいを、まちがった個人から引き離し、一般的なものにしたことである。問題を、その個人から引き離し、みんなの共通の課題とし、客観的なものにしたことである。だから学級の全員はもちろん、問題を提供した個人も、共同研究者のひとりとして、客観的にその問題をながめ、みんなといっしょに考えるということになる。

〔教育の方法は思想を持つ〕

この方法は、私たちの職場づくりの思想のなかから出たものであった。それは、職場のみんなが、傷つくことや、恥をかくことを恐れないで、自分の考え方や実践のまちがいを、また他人のまちがいを、具体的にみんなのところへ出し、それを材料にして、話し合い、個人もまた職場の集団も、さらに高いところへと進んでいこうとした努力のなかから出たものだった。

職場の仲間の高め合いということは、お互いのまちがいや実践を出し合い、具体的に指摘し合うことによってできる。そのばあい、まちがいを、その人個人のまちがいとして指摘すると、それは単なる攻撃になり、みんなの共通の問題にならない。それで、個人のまちがいがみんなの場所へ出されたときは、それをその個人から切り離し、みんなの共通の課題として、そのあやまりを分析し、はっきりさせ、みんなのものにしようとした。

そういう考えに立つと、私たちは、まちがいを気軽にみんなのところへ出すことができるし、また、出しづらいようなときでも、それが仲間の集団全体を高めるのだという意識から、勇気を出してみんなの場所へ出すこともできるようになる。私たちは、職場づくりの実践のなかで、そんなことをいつも努力してきた。そういう教師としての経験を、子どもの学習指導のなかへ持ちこんだのが、この「××ちゃん式まちがい」という方法だった。

だからこの方法を実践する教師の心には、自分たちの職場での考え方がはっきりとある。自分たちが職場づくりのなかで得た意識を、この方法で子どもたちにも植えつけようとする強い意欲がある。だからこの方法が、子どもたちの学習を高めるためにも、子どもの意識を変革していくためにも、強く生きて働くようになる。

私たちの学校には、先生たちのつくり出した、独得な指導方法がいろいろあるが、みなこういう根底を持っている。この「××ちゃん式まちがい」の方法も、もし教師にそういう根底がないとしたら、それは形だけのものになり、子どもに働きかける力も、ぜんぜんちがうものになってしまうにちがいない。

よい実践、成果をあげている実践は、それがたといどんな小さな、ささやかなものであるにしても、その背後には、必ず根底になる思想のようなものがある。それに支えられてその実践が生きて働いている。私は、仲間の実践を見るとき、いつもそういうことを身にしみて感じるわけである。

9　とっさに働く力

〔授業を躍動させるためには〕

母親との新年会をやっていたときであった。つぎつぎと余興がされていた。そのとき泉さんは、ピアノの伴奏をしてもらって「浜辺の歌」を歌うことになった。だが、ピアノに歌がうまく合わなかった。

泉さんは少し困ったらしく、歌うのをやめてしまった。そして「みなさん、ダイヤルをまわしてくださ い」といい、しばらく間をおいて「こちらは日本放送でございます。これから泉幸子さんに『さざえさん』を歌っていただきます」と、すましていった。みんな大笑いしながら拍手した。泉さんは、ピアノなしで「さざえさん、さざえさん、あかるい陽ざしがグッドモーニング」と、軽快な調子でからだをゆすりながら歌いだした。

私は、まったくうまいものだと思った。ふつうの先生なら、ピアノに合わないと、てれたり、やめてしまったりするのだが、泉さんはそうではなかった。とっさにダイヤルを切りかえてしまうのだった。授業も同じだ。子どもの変化に応じて、とっさに働く力が教師にないと、子どもは思うように高まっていかない。私はこれを「実践でのとっさのチャンバラ」といっているのだが、これもまた、ただうまくやるというのはだめで、それが、教師の世界観とか、思想とか、教育の理論とかに支えられているものでなければ、生きたものにならないのはもちろんである。

入学式を終わった一年生は、教室へはいり、先生の話を聞いていた。親たちもみなそこにいた。そこへ私は何げなくはいっていった。

私が教室へはいるといっしょに、話をしていた若い担任の井田美智子さんは、「あ、校長先生がきた。何か話してもらいましょうね」といった。私は不用意にはいって行ったので、まごついてしまった。そして「井田さんに負けた」と思った。井田さんに先手をとられ、井田さんに一本打ちこまれたのだと思った。

ふつうなら、私がはいって行っても、先生は話しつづけているわけである。そして私が何か話すばあいも、機会を見るか、手をあげて機会をとるわけである。だがこのばあい、井田さんは、私が一歩教室へはいるのといっしょに、「何か話してもらいましょうね」とやった。このことは、子どもたちに変化を与え、私というものを子どもに結びつけるなど、さまざまな意味を持っていた。そういうとっさの変化を井田さんがしたことに、私は「負けた」と思ったのだった。こういうことができるということは、授業のばあいも、固定したままでなく、そのときどきにとっさに変化できる力を持っていると思ったからだった。

〔とっさに働く力の実践例〕

そういう点でいつも思い出すのは、埼玉県で幼児教育をやっている藤原公子さんのことだ。藤原さんの実践で忘れられないようなことはいくつもあるが、つぎの二つもそのなかのことである。

その一つはこんなことである。ある日、その保育園で給食にミルクが出た。それをみた藤原さんは保母さんたちにいった。「あなた方は、きょうこの子どもたちがミルクを飲むと思うのですか。その日の子どものようすをみて給食のこんだてをつくらなければだめです」といった。

それはこういうことだった。その日の子どもたちは落ちつきがなかった。ミルクなど出してもこぼしてしまって飲めないような子どもの状態だった。そういう子どものようすを見ないで、また見ぬかないで、ミルクなど出すようでは幼児教育者として駄目だというのが、藤原さんのいいぶんだった。

藤原さんは、そういうことを保母さんたちにいったのだが、できてしまったものなのでそのミルクを飲ませた。ところが、やはり子どもたちは、みんなこぼしてしまったということであった。

そのつぎの話はこんなことである。藤原さんは、園児たちに絵をかかせるばあい、「ハイ画用紙」「はい、クレヨン」といって、子どもたちが画用紙がほしいと思ったときには画用紙を、クレヨンがほしいと思ったときにはクレヨンを、その子どもが心のなかに思ったとたんに出してやる。だから園児たちは、いつも欲求を満足させられ、生き生きと活動し、成長していくというのである。

これらもやはり、すぐれた「とっさに働く力」であり、藤原さんの実践のよさは、みな、こういう力が藤原さんにあるということである。そして、こういう力は、藤原さんの経験とか知識とかの集約であるが、まただれでも、実践を重ねていくうちに、蓄積されていくものでもある。

五年の男の子が跳箱をしていた。担任の先生は、はじめ子どもたちを集めて、いろいろ注意をしていた。それから、二列にならばせ、二つの跳箱で練習させた。だが先生は、ただそれを見ているだけだから、いつまでたってもとべない子どもが幾人もいた。

私はそれを借りてやってみた。二つの跳箱の間にはいり、つぎつぎと走ってきてはとぶ子どもたちに目をくばっていた。ふみきりの遠い子どもがいる。その子どもにはそれを指示した。その子がつぎに走り出すときには、またそのことを注意した。ふみきりでジャンプしすぎる子どもがいる。その子にはそれを注意した。ふみきるのといっしょに、ずるずると手を出してしまう子がいた。その子には、「もっと手をおそく出せ」と注意した。

そんなふうに、それぞれの子どもの弱点を、とぶ瞬間につぎつぎと指示して、何回かやらせているうちに、ふたりだけを残して、あと全員がとべるようになってしまった。残ったふたりは気力の問題だった。ふたりは、「こわい」という気持が強くてとべないのだった。それで、こんどは、そのふたりだけを別にして何回か指導した。このふたりもすぐとべるようになってしまった。

私がやったことは、ただ子ども全体に、一般的に注意することなどやめ、どんどんとばせて、それぞれの子どものとび方に即して、とっさにその場で具体的な指示をしてやることだった。その方が、一般的な注意や指導をくどくどしているのよりずっと早いのだという経験だった。

私は教師は、子どもの助走の仕方一つで、どういうふみきりをするかがわかり、ふみきった瞬間に、よくとべるか悪くとべるかがわかり、ぽんとふみきったとき「よし」とか「うまくとべた」とかいってやれる教師でないとだめなのだと思っている。子どもがとび越えてしまってからわかるのではおそいのだ。ただ跳箱のそばに立っているだけで、子どものとび方に応じて、とっさに指示を与えることができないようでは授業にはならないのだ。

やはり五年の女の子だったが、とび上がり下りを練習していた。だが指導がないので、ほとんどとび上がり下りになっていなかった。私は、これも借りて、つぎのような指導をした。

第一に、助走の距離が遠すぎたので短くさせた。またできるだけゆっくり走ってくるようにいった。つぎに、跳箱に足をかけ、とび上がるときは、前へ遠くとぶことより、上へとび上がるようにといった。だから、ポーンと、ごむまりを直角に地面に打ちつけるようにするのだといい、そのことだけに注意を向けさせ自由に練習させた。見ている私は、高くとび上がれない子どもでも、軽くポーンという音を出して、直角に上へふみきった子を、ふみきったとたんに「よし」といってほめた。

何回か練習したあと、「よし」といわれた子だけを模範としてとばせてみた。まだ貧弱にしかとべないのだが、それはみな、軽く直角にとび上がり、空中でからだが停止するような感じだった。そのことを話してからまた全体にとばせ、その調子を覚えきったころ、こんどは、早く走り、胸をはって、強くふみきらせた。また着地の姿勢も気をつけさせた。

こんなことを二十分もやっているうちに、ぜんぶの子どもがすばらしいとび上がり下りをするようになった。はじめやっていたとき、しょぼしょぼしていた子どもたちが、すっかり意気ごみ、自信を持ち、愉快でたまらないというようになってきた。このばあいもやはり、子どもたちのようすに応じて、とっさに、いちばんよいと思う方法を私としてはとったつもりだった。

こういう教師の「とっさに働く力」というものは、ふつうの教科の学習のばあいだといっそうたいせつな問題となる。教科の学習が、内容を持ち、深い高まりを持って、つぎつぎと発展していくかどうかは、教師にそういう力があるかないかによって決定する。

$$\begin{array}{r} 568 \\ \times\ 271 \\ \hline 568 \\ 3976 \\ +\ 113\textcircled{9} \\ \hline \end{array}$$

五年の算数の授業を見ていたときであったが、上のような計算のまちがいを子どもがしていた。

丸でかこってあるところは、6になるべきだが9になっている。学級の子どものなかに、そのまちがいを笑っている子どもがひとりいた。

その笑い声を聞いたとき、指導者の根本繁さんはとっさにこういうことをやった。私はうまいものだと思った。

二位数の最後をかけるとき、五七――三十五で、前のくり上がり四をたして三十九になった。この三が、その子どもの頭に残っていたので、まちがって、それをつぎの段の二八――十六の六にたしてしまったのだ。それは、よく空の晴れた日、じっと自分の影を見ていて、すぐ青空を見ると、青空に自分の姿がうつる。これを残像というのだが、それと同じことなのだ。だから、こういうまちがい方は、この子ばかりがするのでなく、だれでも、いろいろな場面ですることがあるのだ、というのだった。

根本さんの、こういうとっさの働きかけで、この計算のまちがい方も「××ちゃん式まちがい」としてみんなのものになり、また笑った子どもも、自分の笑いが、いかにまちがいだったかということがはっきりした。得意そうに笑っていた子どもも、自分のまちがいに気づくようになった。

一つの教材を、積み上げ積み上げ発展させていっているとき、子どもたちの思考が行きづまり、それ以上発展しないというときが授業のなかにはよくある。そういうとき、それを打開するのは、教師のとっさに働く力である。その教師の働き方に、力があり、的確さがあるとき、子どもは行きづまりをつき破り、新しい核爆発をおこして、学習が発展していくものである。それは、教師の持っている、豊富な知識とか、教材に対する深い解釈とかが、とっさに明確な問題の投げかけ方となって子どもに働きかけるのである。

そういう意味で私は、教師と子どもとの力の差は、いつも開いているほどよいと思っている。合唱のばあいでも、子どもの合唱がよくなったら、教師の合唱はもっと上がらなければならないし、学力とか創造力とかいうものも、子どもが上がれば、教師はそれ以上に上がらなければならない。そこに教師の絶えざる学習の必要があり、また、そういう学習をするためにこそ、教師の自由というものも必要になるのだと思っている。そういう子どもとの力の開きがあればあるほど、とっさに働く力も出てくるのだと思っている。

10　子どものとり上げ方

〔子どものちょっとの言動を生かすこと〕

授業で、学級の全部の子どもを、満足させるためには、教師は、子どものつぶやきとか、かすかな顔の表情とかも見のがさないで、それをとり上げ、それをみんなの場所へ出し、生かしてやることができなければいけない。

先生が説明しているとき、また学級の仲間が発言しているとき、子どもたちの表情は、さまざまに動いている。「わかった」という顔をしている子どももいる。「納得できない」という顔をしている子どももいる。別の考え方を思いついたという表情をしている子どももいる。そういうさまざまな反応をしている子どもたちの表情を、教師は読みとり、「××君はよくわかったらしいけれど、そのわかったところを出して」とか「××君は別の考え方が出たようだが、それをみんなに話して」とかいって、その子の心のなかに新しく生まれたものを引き出し、みんなの場所へ出してやる。

学級のみんなが話し合っているとき、また、教師から質問が出されているとき、積極的に発言する子どももいるが、まだ自信のないときとか、明確でないときとかには、つぶやくように自分だけでいっている子どもがよくある。そういう子どもの小さな声は、教師の席まではっきりととどかないことが多い。だが、そういうつぶやきも、教師が神経をはっていれば、必ず聞きとることができる。

教師は、そういうつぶやきを、絶対に聞きのがさないという力を持っていないといけない。そういうつぶやきのなかにある、よいものを、学級の学習のなかにとりいれることによって、その子も生き、また、学級の学習も深く発展していく。

子どもを生かし、また学級の学習を発展させていくために、子どもがまだ確かにとらえていない問題でも、そのなかに、よい方向にいく可能性がふくまれているばあいは、教師がそれをとり上げ、学級の学習のなかへ導入して、それを高い質のものへと転化させてやることが必要である。それを、本人の意識以上のものにしてやることによって、その子どもを目ざめさせ、自信を持たせていくわけである。

〔授業で子どもをとりあげた実践例〕

五年生の社会科の教科書のなかに「海に麦がはえている」という題で詩が出ていた。この詩は、干拓工事によってできた畑のことを書いたものだが、そのなかに、

一反、一反大きなくぎり、
早くも、麦のめがのびている

というところがある。その「一反、一反大きなくぎり」ということばを子どもたちが問題にし、考え合っていた。

静江という子どもが「干拓工事をして作った田んぼは、このへんの田んぼよりどうして大きくしたのか」という問題を出した。それに対して、①仕事がしやすいから。②大水のとき自分の家の田んぼがすぐわかるから。③干拓工事をしたとき、一度にくぎったから。などという意見が出ていた。

二番目は幼稚な考え方だが、私は問題を発展させようとして、横から口を出し「みんなよい意見だが、作者が『一反、一反大きなくぎり』といったのは、どんな気持や感じをいったのだろうか」と問題をなげかけた。

武次という、あばれてばかりいて勉強しない子どもが「田んぼがうんと広いから」と、ぼそっといった。私はそのことばを、だいじな、りっぱなものとして大きくとり上げた。武次君は意外そうに、顔を緊張させていた。

みんなして話し合っているうちに「いままで海だったところが、干拓工事によって、広々とした田んぼに

なり、そこには麦のめが青々とのびている。そういう事実に対する驚き、感動が、このことばのなかにもられているのだ」ということになった。

武次君は、自分のぼそっとした発言、ばあいによっては、いいかげんに出したかも知れないことばが、大きくとり上げられ、発展させられ、それは武次君の発言からだというふうにいわれたので、話し合いをしているときも、またそのあとも、困ってしまったようにしんみりとしていた。そして授業が終わって、職員室へはいってきたときも、ことばが、しずかでおだやかだった。態度もひどくまじめなものだった。自分が取り上げられ、生かされたということが、武次君にとってはどんなにうれしく張り合いのあることだったのだろう。

私は、子どもを生かして育てるということは、その子どもの未熟な考えでも、何げなく出したことでも、教師がそれを取り上げ、生かすことによって、できるのだと思っている。そしてそういう作業は、授業のなかでこそ、いちばんすべきものだと思っている。

すぐれた教師はみんな、子どものつまらないような発言や表情を、のがさずするどくとらえ、それをとり上げ、その子どもが思いもかけないような次元へと、それを転化してしまい、そのことによって、その子どもを変革させ、また学級のみんなを変革していくものである。

〔授業をみる視点〕

11　独創と明確さと力強さ

私は、授業のよしあしをみる一つの尺度として、つぎのようなことを考えている。

1 その授業が独創的なものであるかどうか。

2 学習している内容とか問題とかが、参観者にもすぐわかるように、はっきりしているかどうか。

3 教室全体が集中して問題に取り組み、お互いにひびき合い、新しいエネルギーを出しているところからくる、力強さとか、迫力とかがみなぎっているかどうか。

独創的であるということは、その授業に冒険があるかどうかということである。教育は、苦しいけれど、いつも冒険をしなければならない仕事である。冒険をするということは、いつも同じことをやらないということである。

前に一度やった仕事は、結果がわかっているから安心感がある。舗装された県道を歩いているようなものだから安易である。けれども、そういう安心感のあるところ、安易なところからは、爆発的な独創的な仕事は生まれてこない。苦しみもがき、どこへ行きつくかわからないようなはじめての道を、教師も子どもも歩いたとき、その苦しさ、きびしさ、抵抗感が、充実した爆発的な力を持った、独創的な授業となってあらわれてくる。

授業が独創的であるということは、その授業が、そういう、冒険をしているということである。子どもも教師も、どこへ行きつくかわからないような開拓を、授業でしているということである。

そういう開拓的な授業をしていれば、その授業はとうぜん、その人の気持を出した、その人らしいものになっていく。その教師や、その学級の子どものにおいの出た授業になっていく。

私の学校では、それぞれの先生、それぞれの学級が、みな、その人らしい、その学級らしい個性的な授業をしているのだが、そのことは、結局その人たちが、いつも同じことをくりかえさないからである。同じことのくりかえしからは、だれた授業、だれた子どもができるだけだという考えから、苦しい冒険を、そのときどきの授業でしているからである。

そういう授業をしていれば当然「はっきりした授業」ということも生まれてくる。学級の全員が冒険をし、道のないところを歩いているのだから、そのときどきに、はっきりとした抵抗感を持った問題が出、その問題に学級全員がはっきりと抵抗してぶっつかり、火花をちらすということになる。だから授業がはっきりする。

教師もまた、冒険をしているだけに真剣になる。教師は心の底から自分のつかんだものを子どもにつたえようとしているし、また、つきあたった問題を、心の底から子どもといっしょに解決し、はっきりさせようとかまえている。だから教室全体が、その問題にはっきりと集中し、取り組むようになる。

授業を見にいくと、何分見ていても、何をやっているのか、何と取り組んでいるのかが、わからない教室があるが、私は、そういう教室は、冒険の精神、開拓の精神がないのだと思っている。そしてそれは、具体的には、はっきりと問題を子どもに投げかけ、それに集中させ、子どもの学習を盛り上げていくという、教師の力がたりないのだと思っている。

そういうことがはっきりとできている授業は、母親が見ても、他のだれが見ても、教室へはいってすぐ、その学習のなかへ引き入れられてしまい、ものがいいたくなる。はっきりしている授業はそういうものである。

そういう授業をするためには、できるだけ授業の内容とか問題とかを単純化する必要がある。はっきりするということは、授業がごてごてしていない、くどくない、ということだ。よぶんのものをきりとり、その時々の学習の材料とか、問題とかを単純にして、すっきりした明確な対象に向かって、全員を組織し、集中させていくということである。子どもの学習の経過を正直に追ったり、教師の用意したものを、そのまま流していったりすると、どうしても平板な散歩的な授業になり、はっきりしなくなる。

〔教師の技術として〕

教師のことば　授業がはっきりしないということのなかには、そのように、教師と子どもの問題の取り組み方があいまいであるとか、学習対象、学習材料の単純化がたりないということのほかに、教師のことばの問題がある。

だいたいにおいて教師のことばはくどくて長すぎる。話がくどいくせにわからない。感動的でない。快適で明晰なことばを使わない。そのものずばりの具体性がない。こういうことが、子どもにいやがられ、子どもを不快にし、子どもをいらいらさせる原因になっている。

授業のとき教師は、最大に長いときでも二、三分、その他のことばは何秒かで話せばよい。それも小さい声で、心をこめて話せばよい。

私の学校で火鉢のはたでやったことであるが、「子どもの日」の行事の終わったあと、行事についての感想や意見を、ひとり三十秒ずつやってみた。ひとりひとり時計をはかってみると、ほとんどの人が二十五秒ぐらいで終わってしまった。そのとき「三十秒というと、ずいぶん長いのだな。そしてずいぶんたくさんいえるのだな」ということになったのだが、授業のときも三十秒話すときは、「これは、しっかり教えこもう」というときであってよいはずだ。

教師の声と質　教師は、短い明晰なことばとともに、声の質についても注意しなくてはならない。ゆたかに共鳴する、きれいな声で話してやれば子どもも快いが、へんな質の声とか、不明確な発音で、一日五時間も話されれば、どんなよい子どもでも、いらいらしてき、あばれ出したくなる。声の質が、授業を暗くし、わかりづらくし、何をやっているのかさっぱりわからない、という授業にしていることはたくさんある。

指示を明確に　指示の不鮮明ということも授業をはっきりさせず、子どもを疲れさせる大きな原因になる。「子どもの日」のことだった。お母さんと先生が出場する番になったとき、ある先生が、「これからお母さんと先生がおもしろいことをします。見ていてください。お母さん、さあ出てください」と、マイクを使っていった。

だがこれでは、子どもたちにも何がおもしろいのだかさっぱりわからない。おもしろいことが実感とならないから、子どもがわきたたない。母親の方も、何をさせられるのかわからないから、興味を持って出場するどころか、不安になり、しりごみしてしまう。

それではどうしたらよいのだろうか。だいたいの形をやってみせ、説明して、子どもにも母親にも興味を持たせ、それから「さあ出てください」といえば、さっと出るし、子どもたちからも拍手がおこることになる。

問題の整理　授業のときも同じようなことが多い。二年の国語の「おしくらまんじゅう」という教材のなかにつぎのような文があった。

みんなは　また　はじめます。ぶんじろうは　もじもじしながら　じっと　見ています。じろうと　みのるが

ときどき　ぶんじろうに　あいてに　なって　からかいます。けん一は　それを　いっしょうけんめいに　止めます。みんなは　元気よく　もみあいながら、ぶんじろうに　二、三ど　ぶつかり、とうとう　おしたおします。ぶんじろうは　ころんで　なき出します。

子どもたちは、このなかの「もじもじ」について、「なぜもじもじしたのだろうか」と、考え合っていた。「もじもじ」ということばのわけは、どの子もそのときよくわかっていた。

「仲間にはいって遊びたいから」

「はずかしいから」

その他の考えが出ていた。先生は、話を文章の前の方へもどし、はっきりしない子どもをはっきりさせたりしながら、うまく授業をすすめていった。だがそのうち、問題がたくさん出すぎて、整理がつかなくなった。子どもたちの思考も混乱してしまったようだった。

それで、見ていた私は、黒板につぎのような図をかいてやった。

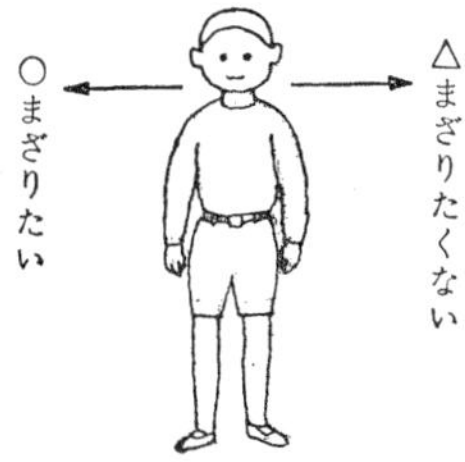

図をかき終わった私は、その図をさしながら、「ぶんじろうは、まざりたいのか、まざりたくないのか」と聞いた。

「まざりたい。けれどまざりたくないこともある」

「両方ある」

それが子どもたちの答えだったが、まとめると「ほんとうはまざりたいのだが、まざりたくない気持もあるのだ」ということになった。そこで私は、図の「まざりたい」に○印をつけ、「まざりたくない」に△印をつけて、「なぜまざりたくない気持があるのか考えてごらん」といって、その部屋を出たのだが、私のかいた図によって、子どもたちは問題が明確になり、教室全体が活気づき、さまざまな発言が出た。

やはり二年生の国語の例だが、

――にく屋まで　くると、はるおさんは、
「おじさん、ぎゅうにく　ください。」
と、げんきよく　いって、みせに　はいりました。
「いらっしゃい。ぼっちゃん　おつかいですか。どんな　ところに　しましょうか。」――

という文章で、「どんなところにしましょうか」ということについて考え合っていた。

子どもたちの意見はつぎの四種類だった。

(1)「しっぽの方のにくにしましょうか、あたまの方のにくにしましょうか。」
(2)「すきやきにくにしましょうか。」
(3)「うしにしましょうか、ぶたにしましょうか。」
(4)「ウインドのなかにいっぱいはいっているどれにしましょうか。」

このばあいも、子どもの意見がこみいってしまい、担任の先生は整理をするのがたいへんのようだった。それで私は上の図のように黒板にかいて、

「みんなは種類か場所かどっちだと思う」

と子どもたちに聞いた。

このとき、子どもたちの顔色が急にさえてきた。そしてしばらく考えてから、

「場所だ」

と答えた。

それから担任の先生が、文章とてらしあわせながら子どもたちにつっこませていった。授業が行きづまり、子どもの学習が停滞したとき、それを打開し、子どもをわきたたせ、学習を発展させるのは、こんな、ちょっとした教師の問題の整理の仕方とか、問題の投げかけ方とかによることが多い。そして、そのようなことをやれば、子どもは集中し緊張して、新しい問題にぶつかるから、その授業は当然力強いものになる。人を打ち、子どもをも打つような力強さを発揮してくる。

12　教師と子どもの記憶力

〔教師は子どものノート、言動をよく記憶しなければならない〕

すぐれた授業は、必ず組織され構成されている。教材と子どもとが、有機的なつながりを持ちながら進められていっている。

有機的なつながりを持ちながら、組織的に構成的に授業が進められるためには、教師がその授業の過去のことをよく記憶しており、また現在のひとりひとりや学級全体の学習の展開の姿をはっきりと記憶しておかなければならない。また、その授業の将来の予想ということもはっきりとしておかなければならない

ことである。

過去のことはどんなふうに記憶するのであろうか。それは、まず子どもの学習ノートをよく見、どの子どもはどういうことを学習し、どういう発見をし、どういうあやまりをしているかということを、はっきりと覚えることである。

私の学校の中本愛子さんは、研究授業をしたとき「きょうは、子どものノートを全部覚えたのです」といっていたが、そういう努力をすることが必要である。子どものノートをすみからすみまで覚えないにしても、それぞれの子どもの重要な発見とかあやまりとかをノートから引き出し、メモをとって、それを授業のなかへ組織していくということはどうしても必要になる。

授業の案をたてるとき教師は、そういう作業を忘れてはいけない。ノートをよく見、ノートから抜き出したものを、問題別に整理したり、それを組み合わせたりして、授業をどんなふうに組み立て、どんなふうに展開していこうかという図面をかかなければいけない。大きな一枚の紙に、その展開図をかいて考えるのもよい方法である。

そういうものがもとになって授業ははじめられるが、展開図を見ながら授業を進めていってもよい。だが、展開図が教師の頭にはっきりと記憶されていれば、授業はさらにやりよくなる。授業は展開図どおりにいくとは限らない。授業が進められているうちに、子どもの問題はつぎつぎと発展し、変化し、予想しない新しい問題が出たり、新しい発見や疑問が、ひとりひとりの子どもや、学級全体のなかに出たりする。教師の頭に展開図がはっきりと記憶されていれば、そういう時々刻々に変化し発展していく学習の事実に即応して、とっさに展開図を再構成していくことができるわけである。

授業を進めているばあい教師は、どういう問題や疑問が子どもの間に出たかという結果だけでなく、どの子はだれているとか、どの子はどのことがわからないとか、どの子が何といったとか、どの子はノートへどういう発見や疑問を書きたしたとかいうことを見てとり、具体的に確実に覚えておく必要がある。覚えきれないと思ったら、指導をしていながら、自分のノートへ、きたない走り書きでよいから、手まめに書きとめておくことである。

一つの単元の一時間の授業が終わったとき、教師は、そういう自分のノートとか、記憶とかをもとにして、つぎの時間の構成を考えていく。きょうの、子どもの問題や発見や疑問のうち、どれを取り上げ、どうそれを組織して、つぎの授業をするかということを考えていく。

このように授業は、いつでも子どものノートとか、その時間の子どもの発言とか、表情とかがもとになり、それが、その教材の目的とか教師の考えとかいう、一本のものにつらぬかれて、つぎつぎと教師の力で組織されていく。だから「調査なくして発言権なし」ということばは、授業のなかにおいてこそ、身にしみて考えられることばである。

すぐれた教師は、一つの単元を、また一時間の授業を、そのように展開していく。よく調査し、よく記憶して、それを必要なときに小気味よいほどよく使いこなして、ひとりひとりの子どもや学級の学習を育てあげている。

一時間の授業を見ていると、よくこういうことがある。子どもが時間のはじめに発言したことを、取り上げずに授業を進めていっている。「だいじなことをいっているのだがなあ」と思って見ていると、授業のなかばごろになり、ちがう次元のところへ授業が高められたとき、その教師は、「××ちゃん、さっきいったこと、もう一度出してください」と、同じ問題を出させ、それをとりあげて、学習をまた深く展開しているのである。

はじめその子どもが出したときは、まだ学習の中心がそれを使うところへいっていなかったのだ。それで教師はとりあげずにおき、そのかわり、自分の頭にしっかりと覚えておいて、その子どものことばを生かす段階にきたとき、忘れることなく取り上げているのだった。

そういう授業を見ると、ちみつなものだと思う。確かなものだと思う。これならどの子も生かされるし、学習も堂々めぐりしないで、確実に進められていくはずだと思う。

同じように、前の時間の問題などもよく覚えておき、「この前の時間に、××ちゃんがこういっていましたね」とか「この前の時間に、××ちゃんから出た問題とつき合わせて考えてみましょう」などと、すぐれた教師は、必要なときに、必要なものを、よく自分の記憶のなかからくり出し、使っている。

下手な教師はそういうことができない。そのときでてくる子どもの発言だけを追うのにいっぱいで、学習のなかで積み上げた、子どもの問題を、そのときどきに自由に使いこなすということができない。教師として、その教材を使い、子どもをどういうところへ持っていこうという、しっかりした考えもないから、そのときどきに出てくる子どもの発言に引きまわされ、学習が、とんでもない横道へそれてしまったりする。そういう教師は、教材の解釈も弱いのだが、記憶力とか構成力とかの弱さも問題になるわけである。

五年生の国語の授業を見ていたときであった。学級を三つのグループにわけ、それぞれのグループで読みを練習させたあと、各組から一名ずつ出して、一ページか二ページずつ朗読させていた。三人が読み終わったとき指導者は、「だれの読みがいちばんよかったか」と聞いていた。そして、いちばんまちがわずにすらすらと読めた、三番目の子どもがよいということになった。

私は横から口を出していった。「私は三人ともみんな同じだと思う。そのわけは、いちばんはじめに読んだ利平君は五場所も読みちがった。けれども、一字一字ていねいに見て、しっかりと読んでいった。それがよかった。二番目の保夫君は、まちがいは三場所だった。だが利平君より、少しいいかげんに読んでいた。三番目の貞祐君は、一つもまちがわなかったが、早口すぎて、文の中味が少しも聞いてる者にわからなかった。だから三人とも同じだ」といった。いちばんまちがった利平君も満足そうな顔をしていた。

そのあと私は、「利平君は五場所まちがって読んだのだが、どこをどうまちがったかわかる人は手をあげてください」といった。だんだん手をあげて、三場所まではわかったが、あとの二場所がわからなかった。私はそのときになって子どもの教科書を借り「何ページの何行目の何という字をどう読んだ」「何ページの何行目のここをぬかした」というように、五場所をはっきりと指摘してやった。そして「しっかりと覚えて頭に入れておくことが必要だ」といってつぎの子どもに読ませてみた。

こんどは聞く子どもたちの気ぐみがちがっていた。緊張し生気がみなぎっていた。読み終わってからまちがいを指摘させると、的確に指摘した。

三人に朗読させ、利平君と保夫君がまちがったとき、担任の先生はのんきにも、その一つも気づいていないのだった。もし気づいたとしても的確に記憶はできなかったかも知れない。

私は教師はそういうことではだめだと思っている。こういうばあい教師は、まちがいをはっきりと記憶できるように自己訓練すべきである。もしはじめから一度にたくさん覚えられないのだったら、ひとりの三つだけでもはっきりと覚える努力をし、それから全部の子どものものが覚えられるところまで練習していくべきだ。

教師は何ページある文章でも、自分が朗読するとき、一つもまちがわずに読める自信とか、何人の子どもが朗読しても、必ずその全部のあやまりを、頭のなかから出して、子どもに指摘してやれるという自信と力を持つべきだ。そういうことが、子どもにも、たしかに記憶させるという訓練をするもとになる。そして教師自身も、強い記憶力を持って、子どもの学習を組織していける授業ができるようになる。

〔子どももお互いの言動を記憶していなければならない〕

私の学校の子どもたちは、授業のときよくつぎのようなことばを使っている。

「××さん、もう一度いってください」

このことばは、他人のことばや、その内容がよくわからないとき、聞きなおし、確かめてから自分の意見を出すときに使われる。

「もう一度読みます」

「はじめからいいなおします」

これらのことばは、読みまちがったときとか、自分の発言が不十分であったり、あいまいであったりするときよく使われる。できるだけ自分の表現を的確にして、みんなにわかってもらおうとするのである。

子どもたちは、いつでも的確にいい、的確に人のことばを聞こうとしているから、いつも、じっと耳をすましてみんなの発言を聞いている。学習の進むのにつれて、必要なとき、必要なことを積み重ねることが発言のめあてなのだから、「ハイハイ」とうるさい声を出して手をあげるようなことをしない。自分の発言が必要だと思うときだけ「ハイ、そのことについては私がいいます」といって、つぎつぎと必要な発言がされてくる。自分のいおうとすることを他の子どもがいえばそれでよいわけである。

こういうふうに学習するためには、子どもたちは、いつも学級全体の学習が、どんなふうに進み、どんなふうに発展しているか、それをいつも確かにとらえ、はっきりと頭に入れておかなければならない。先生や仲間のいったことばもよく覚えておかなければならない。だからつぎのようなことばも学習のなかでよく出てくる。

「Aちゃんの考えはこうで、Bちゃんの考えはこうで、私の考えはこうなのです。AちゃんとBちゃんと私とは、こういうところが同じで、こういうところがちがっています。だから私は、Aちゃんの考えのどこと、Bちゃんの考えのどこと、私の考えのどことを合わせて一つにすればよいと思います」

こういうことをいえるということは、やはり子どもたちが、みんなの発言や考えをはっきりと頭に入れ、比較したり、まとめたりすることができるからである。

授業がよくなるためには、そのように、教師も子どもも、強い記憶力を持ち、また記憶しようと努力することが大事だ。そういうものがあってはじめて、授業は、明快に、力強く進んでいく。

13　教師と子どもの表情

〔**教師のすべての表情が子どもに影響している**〕

中本愛子さんが三年の理科の授業をしているときであった。その日は研究会で、他校の大ぜいの先生や母親が授業を見ていた。

授業は「虫めがね」のところで、凸レンズだと、なぜものが燃えるかということを、子どもたちが、さまざまな自分たちの体験や実験をもとにして、考え合っていた。つぎつぎと子どもの意見が出ておもしろかったのだが、まだ子どもの学習が熟さなかったので、そういう体験や実験を科学的認識へと高めることができなかった。

中本さんは、とうとう悲鳴をあげて、「わからなくなっちゃった。だれか教えてください」と、両手で頭をかかえ、子どもと参観者の方を困ったように見まわした。

授業が終わったあとの質疑応答のとき、そのことについての質問や意見が出た。説明の仕方を出す人もいた。教材研究が足りないという意見も出た。

だがこの問題は、そういう問題ではなかった。中本さんは、若いが優秀な理学士だった。だから三年の教材の説明ができなくて悲鳴をあげたのではない。中本さんが悲鳴をあげたのは、子どもの具体的な経験から得た意見を、科学的な認識へと結びつけ、引き上げていくことができないためだった。

参観者のなかには、中本さんの悲鳴や動作を、すばらしい演技として見た人もいた。だがそれもそうではなかった。中本さんは意識してそういう動作をしたのではなく、しんから困ってしまい、自然にそういう動作やことばを出してしまったのだった。

私は、中本さんの、教師としてのそういう態度に感動した。理学士であり、理科にはすぐれた力を持っている中本さんが、もし教えることだけを考えていれば、いくらでもうまい説明はできたはずである。だが中本さんは、子どもたちにじっくりと考えさせ、子どもたちの考えが熟しきるのを待っていた。子どもたちが三年生なりに追求しつくし、科学的認識へと到達していくようにと授業を進めていった。だからそれがうまくいかないとき、悲鳴が出るのはとうぜんなことだった。

中本さんは、授業のなかで子どもといっしょになって考え、追求していた。自分の持っている知識を、ただ子どもに説明し教えこむという、教師らしいやり方でなく、子どもたちに真理の発見への追求をさせようとした。私は、こういう態度が尊いのだと思っていた。だから悲鳴をあげたことも、決して失敗などというものではないのだと思っている。

中本さんのような授業をやれば、授業はいつでも冒険の連続になる。決まったことを決まった順序で教えるのとちがい、子どもに発見させ追求させるという授業は、結果がどう出るかわからないから、冒険的であり、不安のつきまとうものである。

それは、作家が一つの小説を書くばあいに似ている。作家は、小説を書くばあい、いつも結果がわかっているわけではない。「こうであろう」と予想はたてるが、それがはっきりし、確かになるのは、作品を書き進めていくなかにおいてであり、結論が出るのは、書き終わったときである。書き終わったときにはじめて、自分の考えや思想がはっきりと結晶するわけである。授業も同じである。ほんとうのところは、授業をやりあげてみなければわからないわけである。

中本さんは、そういう態度で授業を進めていった。ただ、子どもの思考がまだ熟しきらないうちにあせって結果を出そうとしたから、「わからなくなっちゃった。だれか教えてください」と悲鳴をあげることになったので、このあと何時間かつづけて授業をやった結果、子どもたちのうえに確かに結晶させることができたのだった。

だが私は、その授業がたとい失敗であったとしても、平板に、既成の知識を概念的に子どもに教えこむことより、中本さんのようにやった方が、どれだけ子どもにほんものの知識をつけ、子どもの思考力や論理性をつちかっていくかわからないと思っている。そういう意味で、たとい不安があり失敗の危険があるとしても教師は、それを覚悟の上で冒険をし、子どもといっしょに、通ったことのない道、自分でも目的地へ到着するかどうかわからない道を、一時間一時間の授業で、いつも骨を折って歩まなければならないのだと思っている。そういう授業のなかで、子どもにも生き生きと追求させ探求させなければならないのだと思っている。

〔よい授業では教師も子どもも生き生きしている〕

子どもと教師が追求し探求していく授業は、子どもの表情も教師の表情も、平板で無表情ではない。いつも生き生きと教師や子どもの顔が輝き動いている。授業の追求が進むにつれて、教師や全部の子どもの顔が映画の場面のように生き生きと変化していっている。

二年生の授業である。ひじを机の上にのせている子どもがいる。指をほっぺたにつけて、じっと見つめている子どもがいる。中腰になって、のり出すようにして前を見ている子がいる。ほっぺたをおさえて、考えこんでいる子どもがいる。教室全体が、どの子もどの子も、さまざまな表情やしぐさをしているが、みんな一つの問題に集中して考えこんでいる。

教師のばあいも同じである。自分自身も授業のなかで考え追求しているから、また、どうしてもこの問題は子どもにわからせたいと考えているから、子どもといっしょに困ったり、子どもといっしょにわかった喜びに感動したりしている。

そういう教師の顔は、俳優のように動きがある。意識して教室で演技をしているなどというものではないのだが、その教師の心には、子どももなく参観者もない。ただ追求者の美しさが、にじみ出して、時々刻々に変化した顔をして教えている。

教師はよく無表情で感動のない顔をして、事務のように一時間の授業をしているものだが、そういう授業は、だいたいにおいて平板でゆらぎがない。そして子どもを、動きのない無表情な人間にしてしまい、思考力とか集中力とか感動力とかの育たない子どもにしてしまう。

私は、よい授業を見るたびに、いつも芸術作品を見ているような気がする。そこには、演劇と同じような主題があり展開がある。それにつれての子どもと教師の心の動きがあり、表情の変化がある。私は、そういう授業だけをよい授業だと思っている。そして、そういうよい授業ができるようになれば、教師の表情も動くようになるし、教師の表情が動くようになれば、また、よい授業もできるようになるのだと思っている。

子どもの表情とか動きとかは、そういう教師の表情とか授業とかのなかからだけ生まれてくるものである。

14　教材と子どもの理解

〔**子どもで教材をよく理解するためには**〕

二年の国語の教材に「さかなとり」というのがある。はるおさんと、よし子さんがさかなとりにいき、水すましをすくう。その日は川のなかで、おどけものの水すましは、あさ早くから、ダンスをはじめていたのだが、水すましがとられてしまったので、赤いこいが、「水すましさんが、とられたようですよ」と心配そうにいった。その文のなかにはそんなことが書いてあった。

子どもたちは、「水すましさんが、とられたようですよ」と赤いこいが心配そうにいったのは、どうしてだろうかということを問題にして勉強していた。

ひとりの子どもが、

「仲間がとられてさびしいから」

という解釈を出した。先生に「どうして」といわれたので、他の六、七人の子どもが、それにつけ加えた。

「水すましは、ただの仲間でなく、ダンスが上手で、みんなを楽しませてくれる大事な仲間だ。私たちが全体学習でやる『蝶々』と同じだ」

というのだった。

ふつうのばあいなら「心配そうに」というところを、「かわいそうだから」とか何とか一般的にいうのだろうが、この子どもたちはそうではなかった。もっと自分たちの生活に結びつけて解釈しているのだった。

この子どもたちは、リズム表現をするとき、合唱をするとき、学習をするとき、遊びをするとき、いつも「みんながいるので楽しい」ということを体験していた。だからこのばあいも、「ひとりでもいなければおもしろく遊べない」「勉強も合唱もできない」という自分たちの体験に結びつけて「心配そうに」ということばの解釈をしているのだった。
私は、そういう子どもの解釈の仕方がりっぱだと思った。また、「どうして」と、ひとりの子どもの発言を深くつっこんでいく教師の態度も、それを受けてさらにつけ加えて解釈していく子どもたちの態度もりっぱだと思った。こういう授業だと、教師の指導がそのまま生活指導になるのだと思った。

図解の方法

板書のさいに、図を利用することも、子どもの理解をすすめるのに非常に有効である。五年の国語の教材のなかにつぎのような文章があった。

――わたしたちの父や、兄たちは、たいてい漁を仕事としていて、毎日、海へ出かけて行きます。――

そのときの学習は「たいてい」ということばを問題にしていた。ひとりの子どもの解釈は、「漁だけで生活している家が大部分だが、何軒かは、商店とか勤人とか、漁以外の仕事をしている」というのであり、他のひとりの解釈は、「ぜんぶの家が漁を本業としている。そしてそのかたわら、少しの時間で畑仕事などをしている」というのだった。

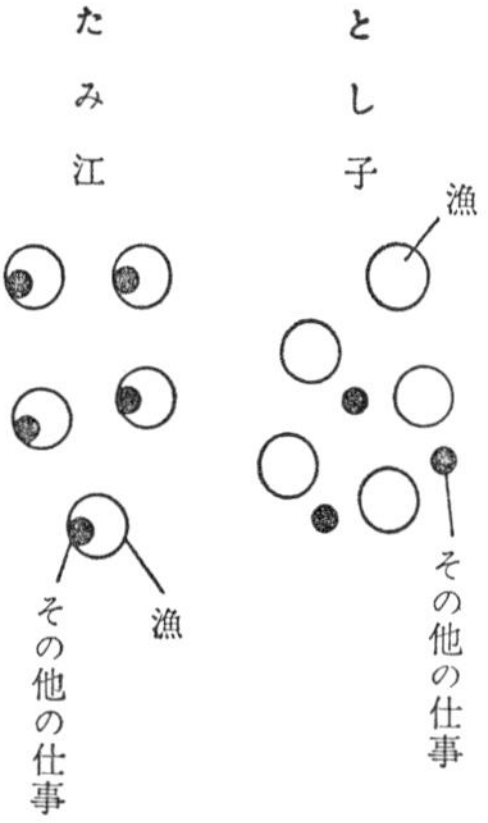

ふたりの子どもの意見は、はっきりとちがっていたが、学級の全部の子どもに、そのちがいがわからないようだった。ふたりの子どもも、みんなにはっきりと自分の意見をつたえることができないようだった。
それを見た担任の有川進さんは、黒板につぎのような図を書

いた。

先生が二人の子どもにかわってはっきりと説明してやったのだった。図ではっきりと説明されたので、ぜんぶの子どもにふたりの意見のちがいがわかった。それで先生は、みんなに、そのどちらに賛成するか聞いた。それから文章にてらし合わせながら考えさせていった。その他の解釈も出させていった。

私はこの先生のやり方もりっぱだったと思った。授業で大事なことは、いま、学級で何を問題にしているかを、いつも学級の全員にはっきりさせておくこと、また、いま、どういう意見と、どういう意見が出ており、そのちがいはどういうのかということをはっきりさせておくことなのだが、この先生は、ふたりの子どもの意見がはっきりしていなかったので、それを学級のみんなにはっきりさせる作業を適切にやったわけである。

想像説明

私の学校には「想像説明」ということばがある。それは、こんなふうに子どもの意見がはっきりしないばあい、他の子どもが「私が××ちゃんの意見を想像して説明します」といって、その子にかわって説明してやる方法だが、このばあいはそれも出なかった。そういうばあいは、教師がかわって適切に説明してやることもよいわけである。

教師のまちがい

二年生の授業を見ていたときだった。先生は黒板に三百四三と書いていた。だが子どもたちはその板書を少しも見ていなかった。そういう子どもの事実を先生は見ないで、書き終わると、もみ手をしながら子どもの方へはいっていった。

少したってから先生は、板書がちがっていたことに気づいたらしかった。あわてて「先生がちがっていましたね」といいながら黒板の方へ行き、板書を訂正した。だがこのときも子どもたちは何の反応も見せなかった。この先生は少しも子どもを見ていないのだった。

こんなばあいは、むしろ先生がひらきなおってしまった方がよい。「先生がわざと黒板にまちがえて書いたのに、みなさんは、よく見ていないから、ひとりもわからないのです」とか、「どこがまちがっています？」とかいう方が、子どもは集中し、必ずまちがいを発見する。子どもの状態を見て、そのときどきに、いちばんよい方法を考えることがこの先生にはできない。いつでも、自分だけで忙しそうに動きまわっている。だから、子どもが集中しないようになってしまう。

〔**教師の教材研究は授業の基礎だ**〕

三年の国語の授業だったが、この先生も下手な先生だった。

——おとうさんは新聞から目をはなしてちらりとまどの方を見ました。——

という文章をあつかっていたが、教科書を見させ、それから「ちらり」と外をみる動作を子どもたちにさせていた。だが子どもたちは、機械的に惰性的に動作をくりかえしているだけだった。

このばあいはまず「はなす」ということをはっきりさせなければいけない。「はなす」というのは、「紙をきりはなす」とか、「くっついている二つの餅をはなす」とかいうことだということをはっきりさせ、それから「新聞から目をはなす」ということは、ただ漫然と目が新聞紙の上に行っているのでなく、新聞記事の内容に密着している目をはなすことだから、紙をきりはなすように、餅をはなすように、新聞記事と密着している目をはなすことだということをはっきりとつかませ、それからその先生がやったような動作をさせれば、その動作も、もっと内容を持ったものになる。

「はなす」という意味をはっきり知っている子どもなら、決して機械的に惰性的に教科書を見、ちらりとまでの方を見るということはない。自分の目を教科書の内容に密着させ、それから「目をきりはなす」ということを意識して動作するようになる。そうなったばあいの動作はぜんぜんちがったものになる。

この先生は、そういう中味を子どもにつけておかないで、漫然と子どもに動作をさせている。だから中味のない弱い授業になり、子どもを形式的にしてしまうことになる。

この先生は、いいかえれば教材の解釈が弱いのだ。教材の解釈が弱いために、弱い授業になっている例はたくさんある。

五年の国語で「たちいふるまい」ということばを学習していたが、先生はただ、類型的に語句の解釈をしていただけだった。このばあい、「たちい」は「起居」であり、「たったりすわったりすること」「身をおこすこととすわること」ということをはっきりし、「ふるまい」は「振舞」であり、動作とか、からだのこなしだとかいうことをはっきりさせると、子どもの理解も明確になる。

そういうものを教師が持っておれば、子どもの「ことばの置きかえ」だけのあいまいな解釈に対して、「どうして」とつっこんでいくこともできる。「たちい」は「立ち位」か「立ち井」か「立ち居」かというように引っかけていき、子どもに考えさせたり、辞書の解釈をさせたりすることもできる。

三年の国語の

——ふたりの船員さんが、いかりを上げている。ぐんぐんまきあげると、赤くさびた大きないかりが、水の上に顔を出した。——

というばあいの、「まき上げる」ということばも、「まく」に力がはいり、「上げる」も、海中の重いいかりの抵抗感があるのだということがわかる。そうなると、「ぐんぐん」ということばも、いかりの手ごたえをふくんだ実感のあるものとして解釈することができるようになる。

授業のばあい、教師の教材に対する深い解釈は、ただそれだけで終わるのではない。子どもたちの思考が行きづまったとき、子どもたちの学習が生き生きと発展していかないとき、それをつき破らせるために、教師の解釈の深さがものをいう。深く解釈している教師は、そういうばあい、とっさに、さまざまの角度から子どもの思考をつきくずし、発展させていくことができる。

授業がうまく発展していかない大きな原因は、指導方法とか、学習の組織化とかの上手下手によるのだが、やはりその根本となるものは、教師の教材の解釈の仕方だ。

15　指導案の創造

〔**指導案は教師の創作である**〕
一時間一時間の授業を創造的なものにするためには、創造的な指導案を書く修練をつまなくてはならない。
指導案を書くときは、もちろん教材をよくしらべ、それとともに、子どものひとりひとりをはっきりと頭に置き、教材と子どもとを結びつけながら指導案を書き進めて行くわけである。
そんなとき、指導案を書いている教師の頭のなかに、ひとりひとりの子どもが「先生、そこがわからない」とか「私は、そこはそうでなく、こう考えます」とか、呼びかけてくるであろうか。書いているうちに、実際に授業を進めているときと同じように、どんどんと子どもが呼びかけてき、それにしたがって、指導案を書いている教師も「うんそうだ」と答えたり、考えてしまったり、困ってしまったり、計画を変更してしまったりするような指導案のかける教師に私たちはなりたい。

小説家は、おそらく、小説を書き進めているうちに、作中の人物がどんどん作家に呼びかけてくるにちがいない。心中させようと思ったのに、作中の人物が「心中はいやだ」といいはるので、やめてしまったりすることがあるにちがいない。

授業の指導案を作るばあいも、作家の創作と同じように、紙の上でつぎつぎと子どもに呼びかけたり、子どもに呼びかけられたり、自分の考えが出たりしながら、それらがひびき合い、一つになりながら、生きものが行動していくような、流動した創造的な指導案がつくれるような教師にならないと、教室へのぞんだばあいも、流動した創造的な授業をすることはできない。

〔指導案の項目とつくり方〕

私の学校では指導案を、つぎのような形で書いている。

一　題材

二　この題材の目標

三　全体の指導計画

四　この時間の目標

五　この時間の計画

こちらでやること	子どものうごき	目あて	予想される問題点

このなかで「題材の目標」とか、「全体の指導計画」とか、「この時間の目標」とかももちろん大事なことになる。それらがはっきりととらえられていないと、よい授業計画がたてられないことになる。だが実際家である教師として、いちばん骨も折れ、おもしろくもあるのは「この時間の計画」だ。

「この時間の計画」は四つの欄にわけられている。いちばん上の「こちらでやること」は、教師がわの仕事になる。ここでは、一時間の指導の節《ふし》を、じゅんに、はっきりと書いておく。それにしたがって、どういう問題を、どういうじゅんに子どもにぶちこんでいったらよいかがここでは考えられる。それにしたがっての教師の子どもへの問いかけとか、教師の動作とか、どの子のどういう問題を全体の場所へ出させるか、ということがここへ書かれる。

二番目の欄へは、その問題について、子どもが、どんな形で考え合うか、どんな意見を出してくるか、など、子どもの学習活動の姿を、予定と予想にしたがって書いておく。

三番目の欄は、「こちらでやること」のところで書いておいた、指導の節《ふし》、子どもに学習させるポイントを、その項目ごとにはっきりと書くことにする。

最後の欄は、それらの問題について、子どもがどんな発見やどんな考え方や、まちがいをするか、学級全体とか個人とかの予想を書くわけである。

教師は、この四つの欄を書くとき、四つの欄をきりはなして考えるのでなく、いつも四つの欄をつなげ、からみ合わせながら書いていく。いちばん上の欄に、質問とか、子どもにやらせることとかを書くばあい、子どものうごきや、めあてや、予想される問題点を頭に描き、それらを一つに関連させながら考えていく。また、つぎの問題を書くときも同じにし、さらに、はじめの問題と中ごろに出る問題、いちばん最後に出る問題などが、いつも関連を持つように考えていく。

だから、この計画を書くのは、小説を書くのと同じ形になる。いつも、生きた創造、予想、展開が紙の上でされていく。書いているうちに、実際の授業と同じような展開がされ、その案が独立して動いていくようになる。そういう指導案が書ける教師は、授業になってもまた、その指導案をぶちこわし、その指導案とはまたちがった授業の創造をすることのできる教師でもある。

私の学校の先生の指導案を見ると、この「計画」のところに、──→印が、あちらからこちらへ、こちらからあちらへと、よく引かれている。──→印は、「子どものうごき」のところから、「目あて」のところへ引かれたり、「こちらでやること」から「予想される問題点」のところへ引かれたり、また、同じ欄の、前から後へ、後から前へ引かれたりしている。それは、その──→印によって、授業を展開しようとする、指導者の意志を示している。

私は、指導案は、このように、紙の上で、生きうごいてひびき合うようなもの、それ自体が生きてうごいていくようなものをつくるべきだと考えている。教材研究というと、その文章を教師がわかるようにするとか、算数の問題がとけるようにするとかだと考えている向きもあるが、私の学校ではそういうものを教材研究とはいっていない。文章が解釈できたり、算数の答が出せたりすることは、教師として当然なことなのであり、それは教材研究以前の問題である。

そういう教師は問題外なのだが、ほんとうによい授業をやろうとするものは、一月に一度でもよいから、紙の上で生きてうごいていくような、創作的な指導案を書くような努力をしなければいけないのだと思っている。そして、固定した指導案しか書けない教師、固定した授業しかできない教師から、早くぬけ出さなくてはならないのだと思っている。

指導案が創作になり、授業が創作と同じようになったとき、「教師は芸術家である」ということが、はっきりいえるのだと私は思う。

16　教師は芸術家だ

私は教師は芸術家だと考えている。教師の仕事としていちばん大事な場面である授業も、それがほんとうに創造的なものであり、探究的なものであれば、その授業は、芸術と同じ高さになり、芸術と同じ感動を人に与える。そして、そういう授業をすることによってだけ、子どもも教師も満足し成長し、自己変革をとげることができる。

そして、そういう授業をするためには、教師がいつも芸術家の創造態度と同じ態度を持ち、一時間一時間の授業を、作家が作品をつくるように、そのときどきの創作として創造していかなければならないことである。

授業と同じに、またそれ以上に創造的にしていかなければならないのは行事だ。入学式とか、遠足とか、母の日とか、子どもの日とか、運動会とか、卒業式とかいう行事は、その行事によって子どもに高い感動を与え、子どもを新しい世界に引き入れていき、子どもの感動の質とか考え方とかを変革させていく大事な機会である。

その機会を十分に生かすためには、十年一日のような安易な固定的な行事をするのでなく、そのときどきに、そのときの子どもたちに最もふさわしい行事をいつも新しく創り出し、子どもたちにぶっつけることが必要になる。芸術の世界にまで、そのときどきの行事を創り出していくことが必要になる。このことは教師にとっても苦しいことであるし、また教師に創造力がなければできないことだが、ここでも授業と同じに、一つの努力をみんなして試みなくてはならないだろう。私は、行事を、授業と同じに、芸術にしなくてはならないと思っている。そしてそのためには、やはり、教師が創造のできる芸術家にならなくてはならないと思っている。

湯川秀樹博士は「旅人」のなかでつぎのように書いている。

未知の世界を探究する人々は、地図を持たない旅行者である。地図は探究の結果として、できるのである。目的地がどこにあるか、まだわからない。もちろん、目的地へ向っての真直ぐな道など、できてはいない。目の前にあるのは、先人がある所まで切り開いた道だけである。この道を真直ぐに切り開いて行けば、目的地に到達できるのか、あるいは途中で、別の方向へ抜道をつけねばならないのか。
「ずいぶんまわり道をしたものだ」
と言うのは、目的地を見つけた後の話である。後になって、真直ぐな道をつけることは、そんなに困難ではない。まわり道をしながら、そしてまた道を切り開きながら、とにかく目的地までたどりつくことが困難なのである。
昭和七年に私のいた地点は、後で考えると、目的地にかなり近かったのである。核力の場の性格を追及し、この場に量子力学を適用したならば、簡単に「中間子」の概念に到達し得たはずである。ところが実際は二年間、暗中摸索をつづけなければならなかったのである。

創造的な教師の仕事には、ここで湯川博士がいう開拓精神、探究精神と同じものがある。一時間の授業を、一日一日の仕事を、また行事などを、そのときどきに新しく発見し創造していくということは、科学者が新しい発見をしていくのと同じであり、画家や小説家が新しい仕事をしていくのと同じである。セザンヌは、他人がみれば完成していると思われるような絵を何回も何回もかきなおして、追求に追求を重ねたというし、ルオーも一枚の絵を五年間もかけてかき上げた。小説家もまた、一章一章、一作一作を、新しい発見をするために追求に追求を重ね、創造に創造を重ねていく。教師の仕事もまたそうでなければ、子どもを感動させながら、学力をつけ、思考力とか論理性とかを与え、感動の質とか考え方とか生活の態度とかを、新しい世界へ引き上げてゆくことはできない。

教師が、自分たちの仕事をそのように考え、そういう実践をしていくと、そこにはとうぜん、芸術家が宿命的に持つ、息苦しさ、圧迫感、きびしさ、と同じものが、一日一日の生活上に苦しくおおいかぶさってくる。

それはちょうど、山の上に大きな石を押し上げていくような努力である。胸にかかえるようにして押し上げる大きな石は、たえまなく自分のからだに圧迫感を与えてくる。しかし、どんなに重く苦しくとも、その石を手ばなすことはできない。手をはなして力をぬいてしまえば、その石は自分の胸にあたるか、またはは最初の出発点にもどってしまう。どんなに苦しくせつなくても、とにかく一つの山の上へ押し上げるまでは、がんばり通さなくてはならない。苦労して押し上げたとき、山の上にはお花畑があるかもしれない。涼しい風が吹いているかもしれない。ときにはその逆であることもある。そしてその上で一休みしたときには、また前にある山に向かって、苦しくとも出発しなくてはならないときだ。

教師の仕事はそういうものである。一時間一時間の授業もそういうものである。そしてそのことは、芸術創造と同じ態度であり、科学の創造と同じ態度である。そのようにしていばらの道をきりひらきながら、遠まわりしてやった仕事は、湯川氏のいっているように、行きついてみると、出発点からすぐ近くのところにあったものであるかも知れない。

しかし、教師が、先人の歩んだ道だけを安易に歩むということをしないで、未知の世界に向かって、一日一日を探究し、創造していくということは、そのまま子どもにそういう生き方を教えることになる。そういう仕事をやるとき、教師も、芸術家・科学者と同じに、圧迫感、息苦しさからまぬかれることはできない。しかし、小さくとも、かならず一つの道をきりひらくことはできる。作家や科学者が一つの地点に到達したときと同じ創造の喜びを味わうことができる。

このように教師の仕事を考えてきたばあい、教師のつくり出す作品は、とうぜん「子ども」ということになる。私は、また私の学校の先生たちは、みんなそのように考えている。

だから私は、いつでも、私たちの作品である子どもを見てもらいたいと思っている。子どもたちの顔や、子どもたちの遊んでいる姿を見てもらいたいと思っている。先生たちもまた、参観者のきたばあいなど、授業を見てもらいたがる。授業や子どもを見ないで、話し合いだけをして帰って行くような人がいるとひどくいやがる。

だが、このことはごくあたりまえなことである。画家は自分のどんな画論より、小説家は、どんな文学論より、その人が、画家であり、小説家である限り、作品によって自分を示そうとする。作家として生きている限り、作品によって勝負する以外に何もあるはずがない。

教師も、「子どもをつくる」という作家であり、芸術家であるとすれば、作品である子どもを見てもらいたがり、それによって自分を主張したり、批判を受けたりしようとするのは当然のことである。

教師の世界では、こういう態度がどのくらいあるのであろうか。画家の一枚の絵、詩人の一つの作品と同じように、「自分のいまの作品はこれである」と示す。また示そうとする態度を持っている教師がどれだけあるのであろうか。

私がここでいうのは、ごくふつうに、「授業を見る」とか、「子どもを見る」とかいうことではない。教師が芸術家としての態度を持ち、芸術家の創造的な「作品」と同じに、自分の作品である「子ども」を見せようとしているかどうかということである。芸術の仕事が創造であるのと同じに、教育の仕事を創造と考え、教師を芸術家と考え、その上で、作品である子どもを示そうとしているかどうかである。

芸術は創造なのだが、教育も創造なのだ。創造的な能力が高まったとき、子どもの基礎学力も、芸術表現も高まっていくのだから、教育が芸術の創造態度をふまえ、教師が芸術家になり、芸術家の創造手法によって仕事をしない限り、子どもをほんとうによくすることはできない。それは創造の道であるからもちろん苦しい。大きな石を山の上に押し上げるような仕事であり、手足を傷だらけにしながら、ジャングルのなかをきりわけて進むような仕事である。しかし、そういう仕事を教師がし、そういう生き方を教師がしたとき、「教師は芸術家だ」だから「教師には、自由が必要なのだ」ということも、教師自身の口から高らかにいうことができる。

芸術家になり（このことは教師が画家になり、音楽家になるということと同じではない）、芸術家と同じ独創的な仕事をしようとするためには、教師がすぐれた授業をしてみ、それによって、従来からの、ありきたりの授業とは異質な授業ができ、異質な子どもがそのなかから生まれてくるという経験をし、そのなかから確かに覚えていく以外に方法はない。そういう努力を、いま、日本の大ぜいの教師が励まし合い、助け合ってしていかなければならない。それとともに、いままでの教師の持っている（このことも、そう教育されてきたのだから、仕方がなかった）、創造する人間とはおよそ逆なタイプを、ここで改造する努力もしなければならない。

そういう仕事をするために、私たちは自分たちの感動の仕方も変えていかなければならない。ていていとそびえる大樹の下に立って、「古いというものはいいものだなあ」と心から感動の声を出す教師は、子どもに、自然や人間に対する深い感動の仕方を教える。日光を受けてきらきら光る若葉の美しさを、花よりも美しいと感嘆する教師も、木の葉のゆるやかに風に鳴る音、瀬の音の美しさに感動する教師も、やはり同じ態度を子どもに与えるにちがいない。

しかし、いままでの古い教師には、そういう生き生きとしたゆらいだ感動に欠けているものが多かった。あるいは、ひからびた、論理にもならない屁理屈だったり、ほんとうの意味での感動ではなく、形式的なものであったり、知識だけのものであったり、へんな感傷であったりすることが多かった。

「ベートーベン」というばあいでも、ベートーベンはいつどこで生まれ、いつ死に、めくらの娘の家へ行って「月光の曲」をつくった、というような知識とか伝説みたいなものは知っており、それを子どもにも教えるが、第五シンフォニーが鳴っていても、それにじかに感動することはできない。また、そういうものを子どもに教えることのできない教師が多かった。

そういう教師だと、子どもたちひとりひとりのゆらいだ美しさを見つけ、それに感動することができないし、子どもたちの思考や、行動のすばらしさも発見することができない。教室の物の配置や、色彩の調和などにも無神経だから、子どもたちに、ものの美しさを教えることもできなくなる。

芸術家である教師は、そういうことにも微妙な心のゆらぎを持っている。だから授業や行事などのときにも、微妙に神経を使い、一つの授業や、一つの行事が、意図的な計算的な構成を持ち、またそれがひびき合いながら、創造され必然的に発展されていく。そういう仕事のなかで、子どもたちがそのときどきに喜びに燃えながら育成されていく。ここでは、一つの授業も行事も、独立した一つの芸術作品であり、子どもも教師も、芸術創造と同じ喜びにひたっている。

そういう仕事が教師の手でされたとき、私たちは「教師になってよかった」と思う。自分はひとりの作家なのだ、芸術家なのだ、という喜びと自負を持つ。

教師の作品である子どもは、画家の絵や、小説家の作品と同じように、そのままの姿で定着して残るということはない。しかしそのときどきに生み出し創り出された仕事は、芸術家の創造と価値において少しも変わりはない。同じ教師をやるなら、私は、苦しくても、そういう仕事をしたい。

芸術教育について

1　芸術について

〔芸術はなぜ尊ばれるか〕

私の方の母親は、コーラスをつくっている。そのコーラスには、五十歳をすぎた人もたくさんいるが、「私は、家の人に文句をいわれても、楽しいから出てくるのです」といって、胸を張って二部合唱をしている。

この人たちは、合唱が楽しくて仕方がないのである。めがねをずりあげるようにして譜を見ながら練習したり、立ち上がって歌ったりしたあい間あい間に、愉快な笑いを出し合っている。

この人たちは、なぜこんなに合唱が楽しく張り合いがあるのだろうか。それは、この人たちがよく語り合っている「コーラスへ出てくると、苦しい、いやなことも忘れ、気持がはればれするのです」とか「コーラスへ出て歌っていると、みんなとほんとうの仲よしになれるような気がするのです」などということばがそのわけを説明している。

歌ったり話し合ったりすることによって、この人たちは、自分の心を解放しているのだ。表現が人間を解放しているのだ。だから「コーラスにばかり行っている」といわれても、苦しい生活をしていればいるほど、そしてそういう生活のなかにも、より高いものを求める心があればあるほど、どんな思いをしてもコーラスへ出てきて歌わずにはいられなくなるのだ。

また、お互いの声を出し合い、一つの美しいハーモニーをつくり出すことによって、この人たちは、しみじみとお互いの心を通い合わせている。トルストイは、「芸術は感動交流の手段だ」「人と人との心の通いみちとして芸術はある」ということをいっているが、この母親たちも、コーラスによって、そういう経験を直截に具体的に持ったのだった。

それらの経験が、コーラスを楽しくて仕方のないものにし、「心がはればれする」とか「仲よしになれる」とかいうことばとなって出るのだが、私は芸術の本質は、一つは、こういうところにあるのだと思っている。そしてそれは、子どものばあいも、母親のばあいも、教師のばあいも同じなのだと思っている。

芸術はまた、ものの考え方を転換させてくれる。すぐれた芸術にふれ、芸術的感動を受けたとき、新しい別の次元へと自分が変革されていくことを、私たちはときどき経験する。

コーラスをつくっている母親たちも同じだった。この人たちは、コーラスによって、いままでの自分たちの世界とはちがった世界がそこにあることを知った。流行歌を歌ったり、古いおどりをやったりするのとは別な、自分の人間を変えていくような楽しい世界がそこにあることを知った。また、「仲よしになる」ということも、そういうものによってだけできるのだということも知っていった。そして、固定化されていたいままでの自分の考え方を打ち破り、自由にものを考え、つぎつぎと、新しい世界を求めていく、人間にもなっていった。

芸術はまた、具体的なもので、端的にものの本質をつかむということに特徴がある。それは歌うことによってできる。詩や短歌や俳句をつくることによってできる。絵をかいたり、劇をしたり、舞踊をしたりすることによってできる。

そういう作業によって、端的に物の本質をつかむことができるのだが、そのためには、真実にたいして鈍感であってはならない。よい音楽とか、絵とか、演劇とかがわからないということは、また、そういう表現ができないということは、その人が、真実にたいして鈍感であるということを示している。そしてそのことは、その人が、自然とか人間とか社会とかにたいしても、鈍感であるということを示している。

芸術において大事なことは、自然とか人間とか、社会とか芸術とかにたいして、身ぶるいするほど深く感動すること、深く愛すること、深くその本質をつきつめようと願うことである。だから芸術においては、芸術家である前に、人間であることが必要になる。そうならない限り芸術はわからないし、また、自然とか人間とか社会とかの、本質を鋭く見きわめることもできない。

私は芸術を、そういう意味で尊重している。そして、そういう芸術の本質は、そのまま教育の本質とならなければならないと思っている。教師や母親が、そういう芸術の本質にふれた生き方をしたとき、ほんものの教育はできるのだと信じている。芸術教育も、そういうところから出発するのだと思っている。

芸術は、何がほんとうであるかを求めていくものである。ルオーが一枚の絵を、五年もかけて仕上げたということも、セザンヌが、他人からみれば完成されたと思われるような絵を、何回も何回もかきかえていったということも、ほんものは何かということを追求し、発見し、結晶させようとしたからである。科学もまた同じであるが、芸術や科学の世界でやるのと同じ追求の態度を、教師も母親も子どもも持たなければならないのであるが、それはやはり、具体的なものによって学びとっていく以外にない。

〔芸術は人間をつくりかえる〕

私の方で母親のコーラスと、青年のコーラスとに、同じ晩、同じ部屋で歌ってもらったことがあった。はじめ母親が歌った。母親たちは、いつものように胸を張り、からだ全体で歌っていた。そのあと青年が歌ったのだが、それはきれいな声だが、母親たちのような、生きた力強さがなかった、母親は、からだを動かし、からだと心全体で歌っているのに、青年の方にはそういうところがなかった。母親たちに「もっとがんばって」とか何とかいわれていたが、青年は、完全に母親たちに圧倒されてしまった。

その晩の合唱が終わってから、青年のコーラスだけが集まって話し合いをした。打ちのめされた青年たちは、自分たちのコーラスのあり方を反省した。そして話し合いのなかでこんなことをいっているのだった。

「母親の合唱はすばらしいが、おれたちのはダメだ。母親たちは、子どもを育てるという具体的なことがあるので、ああいう合唱ができるようになるのだと思う。おれたちは、子どもを育てるということもないし、畑仕事も、まかされ責任を負わされていないから、ぎりぎりにぶっつかっていくものがないのだ。だからああいう歌い方しかできないのだ。おれたちは、自分たちの生き方を考えなおさなければいい合唱はできないのだ。また合唱も、その曲にもっとぶっつかっていくようにしなければ、いい合唱もできないし、生き方をかえていくこともできないのだ」

こんなことを出し合いながら、その晩、青年たちは夜明けまで話し合っているのだった。そして翌朝は、すがすがしい顔をして畑に出ているのだった。

私は、青年たちのこういうとらえ方に感動したのだが、ほんとうに、母親たちには子どもを育てるという責任があった。母親たちは子どもが、家庭や学校の教育によって、どんどんと変革されていく事実を見ていた。そういう経験が、母親たちに、「自分たちも勉強していかなければならない」「ほんものは何かという追求をしていかなければならない」という決意をさせたのであり、合唱に立ち向かわせたのであり、また合唱によってそういう自覚を確かなものにしたのである。だから力強い、からだ全体で歌う合唱をし、青年たちを圧倒してしまったのである。

母親たちは、いままで定説となっている方法とはちがう方法によって、子どもを、よりよくつくり上げる経験をした。合唱によっても、そういう経験を持った。そしてそれらのことによって、たとい異端視されようとも、ほんとうのものに向かって努力し、それを実現していくことこそ、人間として最も正直な生き方なのだ、ということを知ったのだった。

このことは、やはり芸術の本質でもある。芸術は、いつでも、既成の概念を打ちくだいていく。新しい世界を創造していく。たといそれが、いままでの一般的な考え方からはみ出ているために、理解されないばあいでも、追求を重ねて発見した真理、自分の考えは、まげずに実現する。

私は、芸術はそういうものだと思う。教育も、芸術教育もまた、そういうものを基本にしているのだと思う。

2 芸術教育の目的

〔教育とは芸術的創造である〕

私は、科学とか、哲学とか、教育とか、芸術とかを併列して考えることをしていない。もちろんそれらは、部門としての区別はある。しかし、全人的にものにぶっつかっていったとき、すぐれた科学ができ、すぐれた哲学ができ、すぐれた芸術ができるということにおいては同じである。

教育のばあいも、教師と子どもが全人的にぶっつかって、音楽をやり、劇をやり、また授業や行事をやったとき、すぐれた音楽や劇や行事ができ、そのなかで子どもも教師も母親も、しみじみと心を触れ合わせ、真実を追求し、自分を変革していくような人間になっていく。

そう考えると、芸術教育というものは、ただ、図画とか音楽とか、演劇とか舞踊とかという、いわゆる芸術教科だけで行なわれるものではない。授業とか、行事とか、学校全体の生活とかのなかで、子どもを全人的に、感動深く生活させ、感動の質を高め、ものの本質を見きわめさせていくような教育をしてはじめて達成できるものである。

たとえば授業であるが、私は、一時間一時間の授業が、演劇などを見ているときと同じに、その授業を見ている人が、かたずをのみ、いっしょに追求し、いっしょに考え、いっしょに感動するようなものでなければならないと考えている。

このことは、その授業が、一つの芸術作品、芸術行動と同じものになっているということである。子どもと先生が、一つの対象に向かって全力を打ちこんで追求しているということである。だからその授業が終わったとき、子どもも先生も、また参観者も、一つの合唱とか演劇とかが終わったときと同じように興奮し、深い感動を味わい、新しい世界にはいった喜びを持ち、しばらくの間その教室を立ち去りがたい気持になる。

算数とか国語とかの授業で得たこういう感動は、そのまま芸術の世界につながる。そういう世界を授業のなかで体験している子どもたちは、音楽の時間に一つの曲目と対決するばあいも、図画をかくばあいも、当然そういう追求の態度を持ち、高い感動を持ったものを表現しようとする。単なる形だけ、技術だけの表現をしないようになる。

行事のばあいも同じである。それが高い芸術性、追求性、創造性を持つことによって、子どもたちは、そのなかで自分を解放し、新しい未知の世界を開拓した喜びにひたり、生き生きとした創造的な能力とか行動性とかがつちかわれていく。人と人との心の触れ合いとか、考える力とか、考え合う力とか、創造発展のさせ方とかの力もついていく。

そういう意味で私は、授業とか行事とかを、芸術教育の立場からも大事にしている。授業とか行事とかが、芸術と同じ境地になったとき、そのなかで、芸術的な新しい人間の創造が、全人格的に行なわれるからである。

それは、「芸術教育」というより、「芸術的教育」といった方がよいものかもしれない。しかし私は、そのように広く芸術教育を考えて実践しない限り、いわゆる芸術教科の実践も効果は出ないのだと考えている。授業や行事をふくめた子どもの生活全体のなかで、生活の深い感動を具体的に味わわせ、追求的な創造的な態度を教え、基盤をつちかっておかない限り、芸術教科の花も咲かないのだと考えている。

そしてこのばあい、授業や行事のなかにふくまれている芸術教育は、単に芸術教科の準備とか、基盤をつちかうというだけに意味があるのではなく、それ自体に意味があり目的がある。芸術の持つ本質は、そのまま教育の本質でもあるのだから。授業や行事のなかで行なわれる芸術教育は、芸術教科のなかで行なわれる芸術教育と一つになって、芸術とか、芸術的な精神とかを持った人間が形成されるのである。「学力」の問題も、そういう教育がされたとき、いままでの「学力」というものとはちがった、まったく新しい、こまやかで力強いものが生まれてくる。

そう考えると、戦争中、戦争のためにあわてて科学教育を盛んにし、芸術教育をさげすんだことも、戦後、科学教育を忘れ去ったことも、いままた芸術教育を軽視し、科学教育に熱をあげ出したことも、みなまちがいだということになる。芸術教育を全生活のなかでやり、真理を追求する精神をつちかってはじめて科学教育も成果があがるということになる。私は、そういう意味でも芸術教育を大事にし、子どもの全生活のなかで行なおうとしている。音楽とか図画とか、演劇とかいう芸術教科も、そういう基盤の上で考えている。

そういう考えに立つ私は、芸術教科を考えるばあいも、音楽とか演劇とか、図画とか舞踊とかによって、子どもたち自身が、自分やみんなを新しく創造していくようなもの、またそのことによって、新しい芸術の概念をつくり出していくようなものにしなければならないと思っている。既成の文化の概念、芸術の概念のなかだけで生きるような子どもをつくってはいけないと考えるし、また、そういう既成の文化とか芸術とかを押しつけるような教育は、教科としての芸術教育ではないのだと考えている。

〔芸術教育は装飾文化の伝達ではない〕

教科での芸術教育は、既成の音楽とか、演劇とか、舞踊とか、絵画とかを、ただ知らせたり、感受させたり、愛好させたりするものではない。それは単なる装飾文化であり、教養主義であり、事実とか真実とかに眼をおおい、既成の文化とか芸術とかのなかだけに安住する人間をつくるだけである。

芸術教育は、そうではなく、音楽とか図画とか演劇とかによって、子どもたちに、自分の感情や感動を表現させ、真実を発見させ、また表現されているものを媒介にして、自分の心のなかにあるものを確かにしたり、それをみんなに知らせたり、みんなと話し合ったりして、心と心を通い合わせ、みんなが「真実の追求」ということにおいて一つの方向にいくようにすることである。

既成の文化とか芸術とかを、ただ教えるというやり方は、子どもの創造の芽をつみ、真理探究の精神をうばい、子どもを依存的にし、既成の文化のなかに安住して、うたがいを持たないような無気力な、造花のような子どもをつくるだけである。

そういう教育のやり方から私たちは絶縁しなければならない。そのためには、いままである音楽とか絵とかを、ただ装飾文化的に教えるのでなく、子どもたちの追求精神を育てるための手段として、使いこなすようにすることが必要だ。いままである芸術を、唯一の目標とするのではなく。新しいものをつくり出すための手段とすることが必要だ。

教育というものは、いつでもそういうものだと思う。そう考えると、教材をえらぶばあいも、駄目な作品は駄目と教えたり、子どもに発見させたり、考えさせたりすることが必要になる。既成のものだけをよいものとし、それによりかかっている教育は、安易であり、無難ではあるが、それでは生き生きとした感動を持った子ども、真実に向かって困難に堪えながら努力するような子どもは育たない。したがって、音楽も絵も演劇も舞踊も、ほんとうに感動的なものは出てこない。

3　芸術教育と意識の変革

音楽は、形式的に教えこまれたり、無理に歌わせられたり、コンクールで一等をとるために、毎日夕方まで猛訓練をされるようなものではない。子どもたちが、音楽がなくてはいられないようになり、音楽によって、自分たちの喜びや悲しみや怒りや考えを、深い人間的な感動を持って表現し、他に訴え、他と交流し、自分やみんなの心を充足させ変革させていくようなものである。

高村光太郎氏がいつか何かに書いていたことであるが、同氏が岩手の山奥に独居していたとき、何カ月も音楽を聞かずにいたので、飢えたような気持になってしまった。そのとき、遠くの方でレコードの音がした。高村氏はその方へ歩いて行ってそれを聞き、いままでの飢餓感が充足され、いのちがよみがえったようであったと書いていた。

また、こういう話もある。太平洋戦争のとき、ハワイに捕虜になっていた日本兵が、ベートーベンの第五ピアノ協奏曲「皇帝」をレコードで聞かされた。それを聞いた日本兵は「人間とはこんなにも尊いものか」と涙を流したということであった。もちろん、そこにいた兵隊は、ほとんど農家出身の人たちで、「皇帝」など聞いたことのある人たちではなかった。ふだんは、浪曲でもうなっていた人たちなのであろう。そういう人たちが、捕虜という、ぎりぎりの痛切な立場に身を置かされ、いっさいの世俗的なものや、へんな意識とか知識とかを取り去り、心が純粋になりきっていたので、ベートーベンの曲が、じかに自分の魂に触れていったのだった。

これは私の学校にあったことだが、長い夏休みが終わって、学校がはじまった日の朝だった。始業前、五年生はみんな音楽室へ集まってきた。そして、先生を呼んでピアノを弾いてもらい、つぎつぎと楽しそうに合唱をしつづけていた。歌い終わると、「ああ楽しかった」「せいせいした」といいながら教室へ帰って行った。

この子どもたちは、夏休み中も、ひとりひとりでは歌っていたのかも知れない。だが、学級のみんなと合唱することはできなかった。そのため、みんなと合唱することに飢えてしまった。それで学校がはじまると、音楽室へみんなしてとびこんでいき、自分の飢餓感を充足させたのだった。

これは、この学級の子どもたちの、ふだんの音楽が、そういうところにまで根をおろしていたからであり、みんなと合唱することによって、自分を表現し、自分の欲求を満足させられるような音楽を、子どもが持っていたからだった。

私は音楽というものは、そういうものなのだと思う。図画も演劇も舞踊もみなそういうものなのだと思う。のどがかわいたときに、水を欲するように、飢えたときに飢餓感を覚えるように、音楽とか演劇とか、舞踊とか絵画とかに触れずにはいられなくなるように、またそういうもので表現せずにはいられなくなるようになって、はじめて音楽とか絵とか演劇とか舞踊とかが、身についたということになるのだと思う。

私は芸術の指導では、こういう子どもたちにすることが大事だと思っている。ふだんの生活のなかで、また音楽とか図画とかの時間に、音楽とか図画とかを自分たちのものにし、そのなかで自分たちを充足させたり、より高い感動をそれぞれの心につくり出させたりすることが大事だと思っている。それはとりもなおさず、子どもたちが、音楽とか図画とか演劇とかによって、自分の意識を変革していっており、そのことを喜びとしていることだからである。

私の学校では、上級生と下級生とをよくいっしょに歌わせるが、こういうことによっても子どもたちの意識を変えさせ、新しい次元へと子どもたちを押し進めていくことができる。

五年生のところへ一年生をやって、二部合唱をさせたことがあった。五年生が一年生の歌の低音を歌ってやったのだが、一年生はすっかり感動してしまった。一曲一曲と歌うたびに、一年生は顔を輝かせ、夢中になって歌っていた。そして教室へ帰ってから、「五年生と歌うと、とてもいい気持だ」「自分たちだけで歌うのよりずっとよい声が出る」と、口々にいっていた。

一年生は、このとき、二部合唱などということは知らなかったのだが、自分たちだけで斉唱するのとはちがう、すばらしいハーモニーが出るので、びっくりしてしまったのだった。

その翌日、一年生が教室で勉強していると、音楽室からまた五年生の合唱が聞こえてきた。一年生はそれを聞くと、もうじっとしていられなくなってしまった。「先生、音楽室へつれて行って、五年生とまた歌わせて」と担任の先生に注文を出した。

音楽室へつれて行って、いっしょに歌わせると、一年生は満足そうに何回も何回も歌った。五年生は授業のあとだったので「もういいだろう、疲れちゃった」というのだが、「もっともっと」とせがんでは、いつまでも歌っていた。

この一年生は、二部合唱ということは教わらないのだけれど、五年生と歌うとよく歌えて楽しいということを、そういうすばらしい世界があるのだということを、事実で知ったのだった。音楽に対する眼をひらかれ、意識を変革され、それが二部合唱というものだということを知ったとき、二部合唱を習いたいという強い欲求を持つようになったのだ。音譜を習うということも、口を大きくあくということも、みんなそういうところから出発するのだった。

4　ほんとうの感動の育成

私は、ほんとうの感動というものは、その人間の意識を変革させてしまうようなものだと思うが、音楽の指導要領にあるような、ただ「美的情操を養う」とか「技術に習熟する」とか「音楽に関する知識を理解させる」とか「日常生活にうるおいや豊かさをもたらす態度や習慣を養う」などということでは、いままでの概念になっている感動をそのまま子どもに押しつけるだけであって、いままでの芸術の世界から一歩も子どもをぬけ出させることはできないと思っている。

おとなが、大正調のメロデーや「君が代」や「仰げば尊し」に感動するのは、もう成長することのできない、精神の固定化したおとなが、自分たちの心の郷愁として涙をこぼし感激するだけであって、それはほんとうの意味での感動ではない。

ほんとうの意味での感動とは、「君が代」や「仰げば尊し」に涙をこぼしていたものが、他のすぐれた芸術に接して、そういう世界に感動し、いままでの自分の感動が低く浅く、まちがっていたものであることを知り、自覚して、意識的に新しい感動の世界に自分を持ちこんでいくようなものである。

私の学校では毎年の卒業式を「呼びかけ」と「音楽」「舞踊」「演劇」などを使ってやり、いままでの厳粛な卒業式とは全然ちがうものにしているが、いままでの卒業式を見ていた人たちは、こういう楽しい卒業式を、「厳粛でない」とか「卒業式らしくない」とかいっていた。しかし、だんだん見ているうちに、いままでの形式的な卒業式以上に、この式が感動的であることがわかってきた。

そこで歌われる歌も、母親や子どもや、先生が作詞したものに、学校の先生が作曲したものが使われるが、その歌は、じかに呼びかけ合えるし、自分たちの事実や実感を歌ったものだから、みんなの心にひびいてくる。そういうものが感動的なものだということに親たちも気づいている。「仰げば尊し」のメロディーに涙腺を刺激されたり、形式的な厳粛さを、立派と思っていたものが、こういう新しい感動的な卒業式を、よいものとするようになってきている。これは、卒業式という行事によって感動の質が変革され、新しい世界へとはいっていったのだが、音楽も演劇も舞踊も絵も、いつもこのように感動の質を変えていくように指導しなければいけないのだろう。

感動の質を変革し、子どもの心にほんとうの感動を育成するためには、ただ芸術を「教えたり」「知識をつめこんだり」する態度だけではうまくいかない。「聞く習慣」とか「味わって聞く」とか「理解する」とかいう態度を養っただけではうまくいかない。

それは単なる技術教育であり、知識主義教育であり、また教化主義の教育である。そういうところから、子どもが音楽がきらいになるような教育が行なわれる。「頭声発声は、こう歌えばよい」と発声法を先に教えるような教育がされる。ベートーベンの作品にじかにふれさせ、ハワイの捕虜になった兵隊のように、作品によって、直接ベートーベンの心にふれるような指導でなく、ベートーベンは、どこの国の人で、いつ生まれ、いつ死んだ、とか、貧しい盲目の娘の家へ行って「月光の曲」をつくったとかいうような、愚にもつかない、逸話や伝説のみを覚えさせるような教師が出てくる。だがそれは芸術教育ではない。

芸術教育においては、逸話や伝説はどちらでもよいのであり、大事なことは、直接作品の心に触れられるような子どもをつくることであり、作品の心や自分たちの心を、じかに、感動をこめて表現できるような子どもにすることである。頭声発声自体が大事なのではなく、頭声発声をすることが、いかによく自分たちを表現できるかということを知り、そういう発見や工夫ができるような子どもにすることが大事なのである。技術は先にあるのでなく、自分たちのとらえたもの、自分たちの表現したいものを、より正しく、よりよく表現したいために必要なのであり、そういう要求の出てくるようにすることが教育である。

私の学校では、職員や上級生の合唱がはじまると、いつの間にか音楽室は、廊下にも部屋のなかにも南側の窓にも、一年生も二年生も、三年生も、いっぱい集まってきて、聞いていることがよくあるが、この子どもたちは「聞きにきなさい」といわれたわけでもないし、「聞き方」などというものを、特別に訓練されたわけでもない。子どもたちが音楽を楽しみ、内容が深まり、感動が高いものになるにつれて、高いものに自然にからだで引きこまれて行くようになったのだった。

このような子どもたちに、私たちがいちばん困るのは教材の問題だ。私の学校の子どもたちは、よい歌曲を歌うときには、力をこめ、全力的に歌って満足するが、つまらない歌曲のばあいは、それと反対の状態になってしまう。技術はうまいが、だらだらと歌ったり、頭の先、口の先だけで、感動のともなわない、心のともなわない歌い方をしてしまう。そして、こういう子どもに、つまらない歌曲を歌わせつづけていると、子どもたちはだれてしまい、ほんとうの感動を持てないような子どもになってしまう。

劇や舞踊のばあいも同じである。あるとき、学校でつくった脚本で野外劇をやった。子どもたちがすばらしいから、その脚本でもよくやった。だが何となく迫力がなかった。脚本が悪いのだった。それでみんなして脚本を再検討し、書きかえてもらった。新しい脚本でやってみると、子どもたちはその脚本に打ちこみ、迫力も自然と出てきたのだった。

歌曲の歌詞などにもずいぶん問題があることが多い。どんな名曲でも、翻訳された歌詞が曲にマッチしなかったり、子どもの生活感情や、生活のリズムをとらえていなかったり、内容を正しくとらえた日本語になっていなかったりすると、ほんとうに歌い上げることができない。曲の表現にだけ自然に重みがかかってしまう。

そういう意味でいま、私の学校では、曲や歌詞のよいものがぜひほしい。私の学校では、歌う喜びや、美しいハーモニーをつくることの喜びは、もう当然のことになっている。いまは、高度な、すぐれた歌曲を、どんどん消化し、表現していく方法に、積極的にならないと行きづまってしまう。子どもたちが自分のからだで感じ、創り出す〈表現する〉ことのできるよい教材を、音楽でも演劇でも豊富に与えないと、歌うことや動作が、技巧的な面だけになってしまう。

文学のばあいも同じことがいえる。国語の教材のなかに名文があれば、その教材を読むだけで子どもたちは高いものを感じとる。そうなれば、教師もどんなに楽だか知れないし、子どもも、どんなに高いものになるかわからない。ほんとうの感動は、よい高い教材のなかからだけ生まれてくる。

5　先生に前奏を習わせる

私の学校の子どもたちは、どの組もそうだが、とくに、一年生と二部合唱をした五年生の合唱を聞いていると、何かじーんと胸にひびいてくるようなものがある。全員がきっと首を上げ、目をきらきら光らせ、一点に集中させて、歌っている子どもたちの姿と、そこからひびいてくる美しいハーモニーとは、一つになって、深い感動を聞いているものの胸に伝えてくる。親たちも、この子どもたちの合唱を聞くとよく涙を流すが、それは、子どもたちの集中力と、眼の美しさと、曲に対する解釈と、曲への打ちこみ方とが、このような感動を伝えてくるのであり、単に技術とか形だけの歌い方では、こういう感動は伝わってこないのであろう。そして、そういう歌い方では、子どもたちも、自分の感動を育てたり、自分の感動を表現したり、仲間や、聞き手と、心を通い合わせたりすることもできないのであろう。

この子どもたちは、合唱も美しいが、合唱にはいるときも美しい。合唱のために前に並んだときは、それぞれが自由で、それぞれの特徴を持った顔をしているが、前奏がはじまると、みんなきりっとなって、パッと眼を輝かせてくる。そしてその眼は、前奏の進むにつれ、きらきらと花のように輝いて変化し、歌い出しのところへ行くと、ぴたりと全員の眼が一つに定着し、さっと歌い出す。だんだんと前奏のなかへはいって行く子どもたちの心が、つぎつぎと眼の光の変化に出てくるのである。歌い出しのところへ行って定着するまで、生き生きと流動して変化するのである。

私は、そういう姿にいつも感動するのだが、このことも、ただ「前奏をよく聞きなさい」とか「前奏がどこへ行ったら歌い出しなさい」とか「姿勢をよくして」とかいう形式的な指導では、こういう姿は出てこない。子どもたちが音楽をほんとうに自分のものにしてとらえ、楽しみ、「自分の感動を表現するのだ」ということを、実感として、事実としてとらえ、音楽のなかに身をとけこませていない限り、こういうことはできない。

この子どもたちの担任は泉幸子さんだった。泉さんもピアノは下手ではなかったのだが、あまり練習していなかった。それで、音楽会とか親たちに聞かせるときとかには、ピアノの上手な志賀さんに伴奏をたのんでいた。

ところが子どもたちは、それが不満だった。「先生が伴奏する方がよいから、先生が弾いてください」と、子どもたちは泉さんに注文を出した。泉さんが「もしまちがうと困るから」というと、「先生が歌うのではない。私たちが歌うのだからだいじょうぶだ。少しぐらいまちがっても私たちが歌ってしまうから」といって、泉さんに伴奏をさせた。そしてみんなしてはりきって出演した。

この子どもたちにはこういうこともあった。新しい曲を泉さんに教わっていたときだが、むずかしい曲なので泉さんは前奏や間奏を入れずに歌わせていた。するとまた子どもたちから注文が出た。「前奏や間奏を入れた方が楽しく歌えるから先生習ってください」というのであった。

それからがたいへんだった。泉さんは毎日放課後その曲を練習するのだが、ピアノのまわりにはいつも子どもたちがつききって、先生の練習ぶりを見ている。そして練習が終わると、「きょうは何点だ」などといって点をつけていた。その点数は一日一日と上っていった。八十点になり、九十点になり、ついに百点合格になってしまった。合格のときは、子どもたちはみんな拍手し、泉さんの肩をたたいているのだった。

この子どもたちは、ふだん他の教科のばあいも、先生をふくめた学級全員と努力と工夫、励まし合いのなかで、どの子どももが、自分の能力を出し合い、高いものを創り出していっていた。そしてふつうの教科のばあいも、音楽のばあいも、高いものを創り出す喜びにひたっていた。だからこの子どもたちは、先生を励まし、先生を応援して、こういうことをするのだった。先生も、子どもたちに励まされながら一生けんめい練習するのだった。

6 リズム表現「蝶々」

私の学校には、全校児童が庭いっぱいに広がってやる野外劇とか、一つの物語をすじにして、そのなかで体操とかリズム運動とか、舞踊とかを全校児童で構成していく「構成遊戯」など、さまざまなものがある。これらはみな学校で創作するのだが、そういうものの一つに、リズム表現「蝶々」がある。

これは「蝶々」を主題にしたもので、全校の子どもたちがリズムに合わせて、さまざまな形を表現し、それが変化していって、全児童で一つのまとまったものをつくり出すのだが、そのようすはだいたいつぎのようである。

スピーカーから行進曲が流れ出すと、いままで校庭のあちこちで思い思いに遊んでいた子どもたちが、パッと、リズムに足を合わせて、庭のまんなかに並ぶ。「前へならえ」「気をつけ」そんな号令などかけなくも、全校の子どもたちは、学年別にきちんと並んでしまう。

「さぁ行進」

音楽が別の行進曲に切りかえられると、一年生を先頭に行進がはじめられる。

「四年生の人はもっとからだをおこして」

「三年生はもっと手をふって」

このリズム表現の演出者であり、指揮者である泉さんの適切な注意がパッパッとんでいく。

校庭を三回ぐらいまわると、

「自分の木の下へ行きましょう」

という指示で、学級ごとに、校庭のめぐりにある、きめられた自分の木の下へ進んでいく。全校行進が停止した場所から、それぞれちがった方向の自分の木の下に向かっていくのだから、途中で学級と学級が、交差したりもする。そんなとき、一年生が足ぶみして他の組の通りすぎるのを待っている。六年生が待っている。そして前を進む組が行きすぎると、すっと前進をはじめるのだが、足ぶみしている学級の前を行進する子どもたちも、足ぶみしている学級の子どもも、少しのよどみもない。そんな点景をみせながら、全学級が木の下へ進んで行くが、それは、天体の運行のような規律と美しさを持っている。

そのようにして進んで行った子どもたちは、学級の木の下に行っても、曲の終わるまでそこで足ぶみをしており、曲が終わると、その場所にみんな腰をおろす。

つぎに何をやるのか子どもたちは知っている。だからまたマーチが鳴り出すと、すぐに立ち上って、さっと歩き出し、校庭の適当なところに学級ごとに円陣をつくる。このときは、ひとりひとりが、バラバラになって歩いてくるが、みんな目的を持って進むので、それぞれの学級が、いのちを持った群団のようにぐんぐんと進んでくる。円陣をつくるのも早い。リズムに合わせ、交互に男の子と女の子が手をつないで、上体をそらしてみごとな円錐形の円陣をつくる。だから、学級と学級との間隔や位置なども、円陣のままで移動し、自由自在に調節している。

マイクを持った泉さんのとなりには、アコーデオンをかかえた志賀さんが立っている。子どもたちは、志賀さんの弾く曲に合わせて、学校でつくった第二フォークダンスをやる。

それが終わると、急に曲が変わってスキップだ。子どもたちは、自分の好きなところをスキップで自由にとびはねる。アコーデオンは「めだかの学校」に変わっていく。すると子どもたちはスキップをやめて歩き出す。そのあと、つぎつぎと変わる曲に合わせて、スキップをしたり、歩いたり、それもふたりで組んだり、四人で組んだり、ひとりになったりして、曲によって自由自在になっていく。その間に、花になる子、蝶になる子、庭いっぱいにさまざまな動作が展開される。

このリズム表現の中心は、「蝶々」の曲に合わせて表現する花と蝶々の場面にある。その場面になると、校庭全体がしずかになり、やわらかくなり、なめらかになる。幾人かずつ集まって花をつくっている子どもたちの間を蝶になった子どもたちがとびまわる。蝶がくると花はしずかにひらき、美しくゆれる。蝶は花から花へうつり、しまいに一つの花にとまって自分の好きなポーズをする。それが終わるとまた曲が変わり、蝶と花とが交替して同じ動作をする。しまいに夕方になり、花も蝶もしずかに眠ってしまう。その間を、五、六年生の女の子が、自分で工夫したポーズをとりながらワルツで通りすぎて行く。花も蝶も、ワルツでおどる子どもたちも、一体となって、校庭全体がしずかな美しい絵巻物のようになる。

これで「蝶々」の中心の場面は終わりになる。曲が変わると、全員がさっと立ち上がり、スキップでそれぞれの木の下へ帰って行く。煙が消えていくように、一瞬の間にグランドのまんなかには人ひとりいなくなってしまう。

いよいよ退場だ。一年生から、曲に合わせてつぎつぎと足洗い場へ進んで行く。一年生が大きく手をふっている。わざと大きく手をふり、おどけたかっこうをしている子がいる。空の方へ顔を上げて、楽しそうに歩いて行く子どももいる。二年生が進んでくる。後ろの腰のところへ両手をやり、手のひらを上にして、リズムに合わせて手を上下しながら歩いている女の子がいる。横に片手を出し、地面を押さえるようにして軽くリズムをとっていく子がいる。腰で調子をとっていく子も、肩で調子をとっていく子もいる。ひとりひとりはみんなちがっているが、学級全体が個性的な一つのかたまりになって、じっと前を向き、はずんで行進して行く。そのあとを、上級生が、胸をはって堂々と行進をして行く。それらを見ていると、何か、役者が花道を退場して行くような感じになる。先生たちや、母親たちや、参観人が見ていても、子どもたちは、少しもそれを意識しない。ただ、行進し退場して行くことを楽しんでいる。行進することに没頭している。

これはこの「蝶々」の余談である。「蝶々」の練習をしているとき、二年生のヒデキちゃんが前の方へ出され、「ヒデキちゃんのおどり方をよく見てください」といわれた。

その練習が終わって教室へはいってくると、二年生の子どもたちはいっせいに、「ヒデキちゃんおめでとう」といった。仲間のひとりがよいことをし、ほめられたことを、この子どもたちは自分のことのように喜び、拍手をおくったのだった。

同じ学級の子どもたちだが、やはり「蝶々」のとき、信子さんが男の子のまんなかへひとりではいって花をつくった。教室へ帰ったとき、達夫ちゃんが「信子ちゃん、ひとりで男のなかへはいってやだったろう」と何げなくいった。すると学級の全員がいっせいに「そんなことはない、達夫ちゃん、男のなかへはいるのあたりまえじゃないか」と、もうれつないきおいで抗議した。信子ちゃんも、「私は何ともなかったよ」といっていた。

この子どもたちは、よいことには感動し、他人のよいことにも心から感動するが、それとともに、自分たちの学習がよくなるためには、どんな努力でもする子どもだった。だから、自分たちの学習がよくなる仕事を妨害するものがあると、それに対して、小さい子なりに驚くほどきびしい態度を持つ。集団として妨害者に全力で立ち向かっていく。私は、そういう姿にも感動するのだが、そういう態度も、授業とか、野外劇とかリズム表現とか、合唱とかいう仕事を通して、そのなかでつくられていくものだと思っている。だから、その一つ一つが、ほんとによいものになるように、ふだん指導していかなければならないのだと思っている。

7　ふだんの生活のなかで

〔生活に生きた芸術的感覚〕

校庭の高い空に、ひばりが鳴いている。前の堤防のみどりが、くっきりと浮き出して見えている。校庭の南の入口からも、東の入口からも、西の入口からも、子どもたちが、つぎつぎと胸をはってはいってくる。

「おはよう」

「おはよう」

つぎつぎと明るい、すんだ声がひびいてくる。上級生が下級生に、一年生が二年生に、子どもが先生に、先生が子どもに、みんな「おはよう、おはよう」といい合っている。ついで廊下からも教室からも、「おはよう、おはよう」の声が聞こえてくる。この学校では、上級生にも下級生にも、先生にも、みんな「おはよう」だ。約束したのでもなんでもないのだが、いつのまにかみなそうなっていた。

早くきたものは、バケツを持ち、ほうきを持って、ひとりでせっせと掃除をしている。あとからきたものは、「ありがとう」といって、そのなかへ、すーっとはいって行く。そこにはなんのこだわりもない。それでいて、楽しいしずかな秩序がある。

当番でない子どもたちは、庭で遊んでいる。跳箱を出して練習している子どももいる。横木の上で引き落としっこをしている子どももいる。大きい子が一年生を背負って、かくれんぼうをしている組もある。庭いっぱい子どもが動いているなかを、やぎ小屋からやぎを引き出し、草原の方へつれて行く女の子もいる。バトンを持ってリレーをしている子もいる。みんな何かしら動いている。音楽室では、一年生が五、六人、小太鼓をたたきながら、大きな口をあいて歌っている。みんなそれぞれが、自由に動いているが、それが目的があるから、全体として見たとき、リズムがあり規律がある。

一年生は、職員室へきて、先生たちの椅子に腰かけている。私にだっこしたり、肩につかまったりしている子もいる。先生たちがはいってくるたびに、声をそろえて「おはよう」と呼びかける。一年生が出て行くと、いつの間にか二年生がはいってきている。先生たちにお茶をついだり、先生たちのひざにだかったりしている。一年生の良子ちゃんだの晴美ちゃんだのが、かわるがわる椅子の上に上がって独唱をはじめる。ついで舞踊をはじめる子どもがいる。独唱や舞踊がはじまると、他の子は先生たちによりかかってじっとそれを見ている。二年生の何人かがかわって合唱をはじめる。ひとりが前に立って指揮をはじめる。つぎつぎと子どもたちは話したり歌ったり、おどったり、職員室はサロンのようににぎやかだ。

始業のベルが鳴る。すると職員室にいた子どもも、音楽室にいた子どもも、いつのまにか、さっといなくなってしまう。校庭にいた子どもたちもいなくなってしまう。音楽室で三拍子のワルツがピアノで弾かれている。井戸で足を洗った一団の子どもたちがその前を通っていく。みなそのワルツに合わせて、手で調子をとったり、腰で調子をとったりしながら、ふわふわふわふわふわと教室の方へ歩いて行く。そして、学校中がしずまり、授業がはじまる。

これは、私の方の学校の朝の子どもたちのようすだが、これは朝ばかりでなく、休み時間のときも、昼休みのときも、放課後も同じである。子どもたちは、そういう生活のなかで、歌ったり、おどったり、体操したりしている。歌とかおどりとか体操とかいうものが、生活のなか、遊びのなかにとけこんでいる。生活や遊びが歌になり舞踊になり体操になっているのだ。

〔芸術的な暖かさと明るさ〕

指導主事がきたときのことであった。私は分校を見せ、それからふたりで本校へまわったが、ちょうど雨で、私の服のそではびっしょりぬれていた。一年生の教室へはいって行くと、授業をしていた一年生が、「先生ぬれたね」といって、そっと私の服のそでをなでた。二年生へ行っても、三年生へ行っても同じだった。それを見た指導主事は、「よい子ですねえ」といっていた。

またこんなこともあった。本校から分校へ行こうとすると、井戸ばたにいた子どもたちが、「雨が降りはじめるとぬれるから、ぬれないように早く行きなさい」というのだった。途中で雨に降られた。分校へつくと、分校の子どもたちがまた、「雨にぬれて寒かったろう」というのだった。

これは転任してきたばかりの根本さんの話だが、根本さんが始業前の五年の教室へはいって行くと、黒板につぎのように書いてあった。

「ガラスをかきましたから、気をつけて歩いてください」

根本さんは下を見たが、ガラスのかけらは一つもなく、きれいにはいてあった。それでも、小さなかけらでもあって、けがをしてはと思い、子どもたちはこんなことを書いておいたのだった。根本さんは、そういう子どもたちに感動したというのだった。

私は、こんな子どもたちを、ほんとにいい子どもだと思う。こんなふうに子どもたちがなっているということは、ふだん、この学校の先生たちが、子どもをほんとにかわいがっているからである。先生たちが子どもをかわいがって、充実した学習をさせ、学校生活に満足させているからである。また、先生からも、上級生からも、同級生からも、重石になるようなものがいかないので、子どもたちが解放されているからである。だから子どもたちは、のびのびとしていて人を恐れない。

あるとき、よそのお母さんたちが何十人か参観にきた。その日はちょうど定例の参観日だったので、村のお母さんたちの合唱を聞いてもらうことにした。

村の母親が歌うために並んでいると、一年の朝子ちゃんが入口から首を出した。私は立って行って朝子ちゃんをだき上げ、参観のお母さんたちのところへつき出し、「一年ぼうずですよ」といった。朝子ちゃんは、にこっと笑い、私の胸に顔をかくした。朝子ちゃんをおろして私がコーラスの方へ向いて腰かけると、あとをついてきた朝子ちゃんは、私のひざに上がり、私の手を持って、のんびりと母親のコーラスを聞いていた。

しばらくすると、「先生、よし子をつれてくる」といって出て行った。まだ小学校へ出ていない妹がきているというので、つれに行ったわけだが、まもなく「よし子は、おんぶしていた」といって、帰ってきた。そしてまた私のひざに上がり、私の手を持って合唱を聞いていた。

朝子ちゃんは、参観人も、村の母親も、少しも恐れていない。安心しきっている。だから、合唱する母親がいっぱい並んでおり、参観の母親がいっぱいいるなかを、出たりはいったりしている。そしてそのことが、少しもその部屋のじゃまにならない。

これは朝子ちゃんばかりでなく、どの子もそうである。私の学校へは、いつもたくさんのお客さんがくるが、子どもたちは、「この学校へくる人はみんなよい人だ」と思いこんでいるようである。お客さんがくると、校庭の外まで走って行って、手をとって迎えたり、玄関へ並んで「コンニチワ」といったりする。参観人が教室へはいって行くと、いっせいに「コンニチワ」といったりする。

放課後参観人が控室にいると、そこへはいっていき、話しかけたり、自分の教室へつれていって、話を聞いたりする。

ある音楽家がきたときであった。この人は、戦後何回も外国へ行ってきた人だったが、この人がくると、子どもたちは大歓迎だった。その音楽家と子どもたちは、スクラムを組んで歌いながら楽しそうに庭を歩いていた。音楽家が部屋へ帰って先生たちと話し合っていると、子どもたちはスクラムを組み、いま、音楽家に教わった歌を歌いながら、音楽家のいる部屋の前へやってきた。そして窓の下まできては帰って行った。さそい出しのデモにきたわけだった。

こんな子どもたちを見て、音楽家は、「外国へ行ったようだ」「外国の子がこうなのだ」と私たちに話していたが、いままでここの子どもたちに対していわれていた「都会的」とか、「はなやかで人なつっこい」などということばより、私は、これが、ここの子どもにいちばんぴったりしたことばだと思った。そして、こういう子どもになってはじめて、芸術教育も実を結ぶのだし、また、ほんとうの芸術教育をすれば、こういう子どもにもなるのだと思った。

六年の女の子が十数人、職員室の廊下で遊んでいた。ときどき職員室の方へ、茶目な顔を向けては騒いでいた。そのうち廊下のガラスが、ガチャンと割れる音がした。「やったな」と思っていると、「それ集合だ、集合だ」といっせいに歌って、みんながガラスのかけらを拾い出した。拾い終わるとまた職員室の方へ顔を向け、「にこにこ」と笑ってみな行ってしまった。

この、「それ集合だ」は、そのころ、職員が「収穫」という歌の五部合唱をやっていたが、そのなかに「それ収穫だ、収穫だ」という歌詞がある。子どもはそれを聞き覚え、ガラスを割ると、とっさに、それをもじって、「それ集合だ、集合だ」と歌い、みんなで集まってガラスの破片を拾い集めたのだった。

私が赴任したころは、この学校では、ガラスをかくと、「第×学年何某、××をしてガラスをかきました」という始末書を書いて、校長のところへあやまりに行くきまりだった。だからガラスをかくと、「テーテー」とはやしたてて、「私は犯人ではない」「私がしたのではない」というあかしを立てていた。ガラスをかいた子どもは、悲しそうにひとりで拾っていた。

私は、それではいけないと思った。ガラスをかいた子も、わざとかいたのではない。困ったことをしたとも思っている。だから、はやしたてることなどしないで、みんながその子の気持になり、いっしょに拾ってやらなければならないと指導した。

それがいまは、とっさにこういうユーモアまで出るようになったのだった。こういうユーモアがとっさに出るということは、子どもたちに力がついているということである。芸術教育をふくめた基礎学力がついており、そのために、子どもが解放され、豊かさを持ち、余裕を持っているということである。

ふだんの子どもの生活のなかに、芸術教育の結果は出てくる。また、ふだんの子どもたちの生活が、芸術教育の温床にもなっている。そういう意味で私は、登校から下校までの、学校での子どものすべての生活が、芸術的であるかどうか、芸術的な暖かさとか、こまやかさとかを持っているかどうか、教師がそういう心づかいをして子どもを指導し、また、見守っているかどうか、そういうことに強い関心を持っている。子どもは、ふだんの遊びのなかでも、歩き方や、発言や、表情のなかでも、芸術教育がされなければならない。それは、教科のなかでの芸術教育とも、行事での芸術教育とも、決して無縁なものではない。

8　芸術教育の方法

〔**教師自身の感動する心**〕

芸術教育を子どもにするばあい、大事なことの一つは、教師自身が自分で感動し、自分でそのものに打ちこんで子どもに対するということである。

小さな子どもたちを、ていていとそびえる大樹の下へつれて行って、それをふりあおぎ、「大きいなあ、古いなあ、大きいこと、古いことはなんと立派なのだろう」と、教師が心から感嘆の声を出したとき、子どもたちも、心からその木に感動する。古い木の幹には、さまざまなコブがあったり、切りきずがあったりする。それをなでたり仰いだりしているうちに、何十年何百年とたった木が、どんなに苦難に堪え、ここまで成長してきたかに心打たれる。

そういう姿の先生をとりかこんで、いっしょに、じっと木を仰いでいる子どもたちは、先生に共感し、先生と同じような気持になる。そしてその子どもたちは、絵をかくばあいも、単に一本の木として、類型的にかくことをしなくなる。木と自分と、心の交流をしながらかくようになる。

教師が名作などを読んでやるばあいも同じである。その教師が心からその作品に感動し、どうしても子どもにも知らせたい、読んでやりたいという気持になり、自分の感動をぶっつけて読み上げていったとき、子どもは同じように共感し、心を動かされる。音楽や、絵や彫刻などのばあいも同じである。

私は、教師自身が自分のそういう感動を持たないで、ただ解説したり説明したりしたのでは、それは、芸術教育にはならないのだと思っている。雨の日の体操の時間にやることがないので、図書室から適当に本を引っぱり出していって、自分もはじめてのものを読んでやったり、自分自身も感動していないレコードを聞かせたり、絵を見せたりしていたのでは、芸術教育になどならないのだと思っている。

〔子どもの心を生き生きと緊張させること〕

子どもの精神が緊張して働くような条件をつくってやること。このことは、ふつうのどの授業のばあいでも必要だが、芸術教育のばあいは、とくに必要なことになる。

あるときのことであった。四年生が幾本も大きな木のあるところで、オルガンに合わせてワルツの練習をしていた。だが腰が伸びないので、先生に何回も注意されていた。

私は、しばらくそれを見ていたが、「木のまわりをまわってごらん。そして木に、『こんにちは』とか、『私、上手でしょう』などと話しかけてごらん」といった。子どもたちはすぐそのとおりにし、思い思いに木のめぐりをまわり、ちょっととまってあいさつしたりした。そうすると、どの子もすっかり腰が伸びてしまった。

私はそこで、「こんどは先生の方へきてごらん。そして『先生こんにちは』『先生、うまいでしょう』などとやってごらん」と、おどりつづけている子どもたちにいった。子どもたちは、木のめぐりから、オルガンのそばに立っている私の方へ、三方からいっせいにぐんぐんと進んできた。顔が目が胸がふり仰ぐように私の方へみな向いていた。腰と足がぐっと前へ出て、上体がそり気味になり、波か蝶の群れが寄せてくるような感じだった。

子どもたちは、「腰を伸ばしなさい」といわれたかわりに「木に話しかけなさい」「先生に話しかけなさい」といわれたことによって、はっきりと目的を持ったのだった。木とか私とかいう対象ができたために、子どもたちは目的を持ち興味を持ち、精神が生き生きと緊張して働くようになったのだった。だから腰が伸び、目が輝き、力強さとか、美しいフォームとかが出てきたのだった。

志賀幸吉さんは音楽でこういう実践をしていた。その日の授業が終わって子どもが帰るとき、「今夜六時のラジオをみんな聞きなさい」といったのだった。子どもたちは、「先生、何があるのですか」と聞くのだが、志賀さんは、にこにこしているだけで教えなかった。

その翌日、音楽の授業があった。その授業のはじめに志賀さんは、「きょう習う歌は、みんなが夕べラジオで聞いたフォスターの曲だよ」といった。夕べの六時のラジオは、フォスターのオーケストラと合唱曲の名曲を集めて放送したのだった。子どもたちは、夕べラジオで聞いたフォスターの曲だというので興味を持ち、心を緊張させてその教材に立ち向かった。志賀さんは、そういう計算をして、授業の前日から計画していたのだった。将棋さしのように先から先まで網を張った志賀さんによって、子どもたちは心を生き生きと働かせて、その曲に向かって学習をはじめたのだった。

芸術教育において、子どもの心が生き生きと働くような条件をつくってやることは、授業において、網を張り、ひとりひとりの子どもを、また学級全体を、組織構成して、網を引き上げて行くようにするやり方と同じである。そういう教師の作業によって、子どもたちは、精神を緊張させ、対象に向かって全力を集中するようになる。教師はそういう作業を的確に綿密にし、子どもがどのように精神を緊張させ、集中させてきたかを見きわめ、その機会をのがさずとらえて、表現させて行かなければならないわけである。それはちょうど、川の中へ打った網を引き寄せ引き寄せ、魚を集中させて、もっともよいときにその網を引き上げるようなものである。

作品を結晶させ、表現化させるためには、いつでも精神の緊張集中が必要になる。作家は、自分自身をあらゆる方法で、そういう境地へ押しこみ、作品の結晶化をはかるが、芸術教育においては、教師がそういう働きかけをするわけである。そして教師は、子どもの精神の働きが集中し緊張しきり、どうしても表現せずにはいられないような気持になった瞬間をのがさずとらえて、表現させ、また作品の結晶化をはからせる。この集中緊張のさせ方、また、子どもの状態をするどくとらえ、もっともよい時期に、もっとも適当な材料を与えて表現させていくという方法、その二つによって、子どもの音楽とか絵とか劇とか舞踊とかいうものはよくも悪くもなる。

〔教材を与え、表現させるときの方法〕

表現したり、作品を形象化したりするばあいはもちろん抵抗がある。このことは、おとなのばあいも同じである。まして、教師の指導によって、子どもが、かくべきもの、表現すべきものを、的確につかみとり、自分のものにしているばあいは、それをどう表現したら自分のとらえたものとか、自分の気持とかを、確かに出すことができるのだろうかと苦心する。自分のものを発見し、とらえるとき以上に精神を緊張させて表現に苦労する。

新しい発見を

このばあいは、かくこと、表現することが、一つの創造の作業になり、冒険の作業になる。絵にかく対象が一本の木であるばあいも、人物であるばあいも、旅行で見てきたものをかくばあいでも、それを単なる木や人物や旅行の、形式的な再現ということでなく、自分の心と通い合った木とか人物とか旅行とかを借りて、自分の心を表現しようとするのだから、そこには、積み上げ確かめてきたとき以上のきびしい追求がある。だからそこにも新しい発見がある。こう考えると、表現の作業は、いつでも一つの冒険だともいえる。表現する作業によって、いままで考えたこと、つかんだことは、全然別なものを発見してくることがあるからである。いままでのものを否定してしまうようなこともあるからである。このことは、演劇のばあいも、音楽のばあいも、舞踊のばあいも同じである。

このように、自分のものを発見するための積み上げの努力をし、また、表現する努力のなかで追求し発見し、そのあげく作品に結晶化したばあいは、子どもは鋭い観察をし、発見をし、強い確信を持つようになる。

ある幼稚園での話だが、ひとりの子どもが亀の絵を書いた。だがその亀には尾がなかったので、他の子どもたちが「尾がないよ」といった。だがかいた子どもは「亀には尾がないのだ」といってどうしてもゆずらなかった。それでみんなして、亀のいる池へ見に行った。行ってみると、亀はみんな尾を出してのんびりと泳いでいた。その子はびっくりしてその亀をじーっとみつめていた。そのうち一匹の亀が尾を引っこめて休んだ。それをしばらく見ていた子どもは、「あ、そうだ、わかった。わたしの絵はやっぱりほんとだったのだ。私はこういうところをかいたのだ」といった。

この子どもは、ほんとうに見ていたので確信を持っていたのだった。子どもは、ほんとうに表現したいとき、ほんとうに表現したい喜びを持っているときは、必ず鋭い観察をしているものである。そういうことによって子どもは、自分の認識を深化・拡大し、自分をつくり上げていくのである。

芸術教育は、子どもに創造をさせていくことである。創造させていくということは、子どもに新しい発見をさせていくことである。だからそれは、きびしい冒険になる。

同じことを二度くりかえさない

ふつうの授業のときも同じだが、芸術教育においては、同じことを二度とくりかえしてはいけない。結果の予想できないことに子どもをぶっつけ、そのなかで、苦しませ骨を折らせて、新しい発見をさせ、新しい世界へ自分を入れていくようにさせることが芸術教育である。前に一度やったことは、「こういうことを、このようにやらせれば、こうなる」という予想ができる。だから教師にも子どもにも安心感がある。だが、そういう安心していられる作業のなかからは、きびしい発見、きびしい表現は生まれてこない。

芸術教育は、与えるきびしさではなく、子どもから求めることのきびしさである。子どもが、みずからきびしさを要求して、きびしく追求していくことを楽しみ、考えぬき、表現しぬいて、自分のものをつくり出していくように指導することが芸術教育である。教師が、自分の知っているものを教えこんでいくというものではない。

古い時代の詩歌には、すぐれたものがたくさんあった。それは、昔の旅が、木を枕にして寝ては旅を続けるという苦しいものであったからだ。苦しい抵抗にぶっつかりながら、旅をするから、そのなかから、きびしいいのちのある作品が出てくる。現代の安楽な旅のなかから、すぐれた詩歌が出てこないのは、旅に苦しい抵抗がないからである。芸術教育でのきびしさということも、そういう意味を持っている。そして、そういう抵抗のあるきびしい表現をさせたとき、子どもたちは、きびしいものを楽しいと受けとるようになる。

共同の力で

きびしい表現の努力をさせ、それを楽しいと思わせるようにするためには、学級全体とか個人とかに、自分が表現したいものは何かということを、明確にさせることが必要になる。そのために、話し合いをさせることも必要になる。図画だったら、文章をかかせたり、デッサンをとらせたり、自分のわかったこととわからないことを、メモをとらせたり、実物を見させたりすることも必要になる。舞踊のばあいも、主題をみんなして話し合ったり、表現と内容との工夫をし合ったりすることが必要になる。そういう準備的な学習をよくやらせ、学級とか個人とかで、追求する対象を明確にしてから表現の作業にとりかかるわけである。

天野武二さんは三年の図画でこういう指導をしていた。天野さんは、図画をかかせる前に、ふたりの男の子を前に出し、どちらが体重が重いか考えさせた。行雄君は太っていた。長次君はそれより背が大きかった。だが体重は、どちらが重いのかちょっとわからないようだった。学級の子どもたちは、二派にわかれて、それぞれ自分の方が重いと主張していた。

そこで天野さんは、「それでは、口でいいあっていても仕方がないから、絵にかいてくらべてみよう。行雄君が重いと思うものは、できるだけ行雄君の重い感じをつかんでかく、長次君が重いと思うものは、長次君の重い感じのところをつかまえてかくのだ」といって絵をかき出させた。

子どもたちは、二派にわかれて絵をかき出した。どちらも、ふたりのボリュームをつかもうとして骨を折った。

作品ができ上がってから、絵を二派にわけて黒板に張り、みんなしてくらべ合った。それを見ると、うんと大きくかいてあるけれど、さっぱり重い感じの出ていないものがある。子どもたちは、「ただ大きくかきさえすれば重いのではない。質の問題なのだ」ということを発見した。行雄君と長次君の重い感じのところも発見された。その表現の仕方についても学習された。子どもたちは、かきはじめるときも、批評のときも、気負いこみ、本気になってやったが、これは学習が「目方でくらべないで、絵でくらべよう」ということからはじまったからだった。対象が明確だったからだ。

渋沢千枝子さんの図画指導にはこういうことがあった。渋沢さんは授業の名人だったが、その一つの特徴は、子どもたちの発言や思考を、つぎつぎと「どうして」とつっこんで行くことだった。四年の子どものひとりが「渋沢先生は大好きな先生だけれど、『どうして』といわれるときがいやだ」といった。渋沢さんは、その問題を主題にして図画をかかせた。

「どうして」というときの先生は、どんな顔をするのだろうか。どういう気持なのだろうか。また、「どうして」がいやな自分はどういうところがいやなのだろうか。そういうことを学級全体で話し合わせた。「どうして」がいやでない子どももたくさんいた。そういう子どもたちは、そのわけをみんなに話した。

こういう話し合いのあと、「どうして」とつっこんでくるときの先生を、みんなが自分の解釈と受けとめ方に従って絵にすることにした。「どうして」がいやな子どもはそれを主張した。いやでない子どもは、そのわけを追求し、絵に表現しようとした。

このばあいもやはり、「どうして」という先生の具体的なものが、子どもたちの目標となり、それをはっきりさせようとする気ぐみが、学級全体のもの、個人のものとなっていたから、観察や思考がくわしくなり、きびしくなっていったわけである。きびしい表現への努力をするだけの必然性があったわけである。

芸術教育は、そういうきびしい表現への必然性というものを子どもたちに持たせ、その上で、それを確かなものにし、明確にしていくために、絵とか音楽とか、劇とか舞踊とかを使って、冒険をしながら、新しい創造、新しい発見をさせていくものである。だから、創造とか発見とかいうことも、かいたり、行動したりしているうちに、その作業の結果として出てくるものである。

私の学校の低学年では、演劇をやらせるばあい、脚本を与えないでテーマだけを与え、子どもたちに自由にやらせることにしている。すると、王様が幾人もできたり、おきさきが幾人もできたりするが、やっているうちに子どもたちは「私は王様より門番の方がよい」などといいながら、だんだんと自分の最も適した役の方へまわってゆく。

せりふも子どもたちに自由にいわせる。だから見るたびにせりふもちがっているのだが、子どもたちは、そのたびごとに新しい創造をしていくので、みていていつもおもしろい。固定した脚本を与えてやらせると、せりふを覚えようとし、それにこだわってやるから、どうしても創造的な生き生きとしたものができなくなってしまう。それに反してこういうやり方だと、そのときどきに相手のせりふが変わり、緊張するから、生き生きとしたおもしろいものになる。子どもたちは、そういうときだけに全身を働かせて緊張し、創造的な表現をする。先生たちは、子どものそういうそのときどきの創造を、子どもといっしょに考え、だんだんと定着させていく。定着し、表現が固定したとき、その仕事は終わりになる。

高学年へいくと、きちんとした脚本を与えるが、そのばあいも、脚本の内容を解釈することに全力をそそぐ、脚本によって解釈するとともに、はじめのうちは、やはり自由に表現し、自由にせりふをいい、そのことによって、だんだんと脚本の心に触れ、最後に、脚本どおりのせりふを、高い解釈を持ったものとしていうようにする。

このばあい、低学年のばあいも、高学年のばあいも、同じことをくりかえさないで、つぎつぎと創造し発見していくということは同じである。同じことをくり返させるということは、子どもの精神を生き生きと緊張させ創造させるための障害となる。

このことは、一つの題材のなかで、同じことをくり返していてはいけないとともに、すでに仕上がったもの、結果の出てしまったものを何回もくり返しているばあいにもあてはまる。子どもが、同じ材料で深く高く解釈し、高い次元へと創造しつき進むことには限度がある。だから、その材料が、限度へいったばあいは、新しい、抵抗のある材料を与え、子どもに緊張する条件を与えてやらなければいけない。子どもは、抵抗のあるものにぶっつかったときだけ、精神を生き生きと緊張させるからである。

舞踊のばあいも同じである。私の学校では、舞踊を創造していくことが多い。春の草木が芽を吹いてくるときのようすを舞踊にしたり、秋のとり入れのようすを主題にしておどったりする。こういうときも、主題を話し合っておき、リズムに合わせて子どもたちがさまざまに工夫して表現する。そのなかに新しい表現があったり発見があったりする。教師はそれを認めたり、励ましたり、助言を与えたりしながら、だんだんと構成し結晶させていく。教師と子どもの、共同の創造作業によって、一つの舞踊が構成され、創造され、結晶されることになる。そしてこのばあいも、新しいものをつかみとり、つくり出そうとする教師と子どもの緊張した意欲が、そういう創造をすることになる。創造結晶の方法を、私たちは、いつもそのように考えている。

〔観客と演技者の交流〕

芸術教育のばあい、観客と表現者・演技者との交流ということも大きな問題になる。表現者・演技者と観客とが一体になり、心を通い合わせながら、一つの会場のなかで考え表現してゆくということが必要になる。

二年生が、自分たちでつくった「劇遊び」を全校の子どもの前で発表したときである。「劇遊び」をはじめる前に、そのあらすじを話して、「私は王様になります」「私はおきさきになります」「私は門番になります」などと、学級全員がそれぞれ自己紹介した。門番の自己紹介が終わると「門番は強くないとだめだぞ」という声が小さい子どものなかから出てきた。あらすじの説明や、自己紹介をされているうちに、見ている方も、すっかり「劇遊び」のなかへはいってしまい、「門番が強くなければたいへんだ」と、気負いこんでしまったのだった。

これは、音楽のばあいも、劇のばあいも、舞踊のばあいも同じである。見ている者が、演技者と同じ気持になり、演技者と一体になったときに、はじめてよい演技ができることになる。演技は、演技者だけでやるのでなく、見ている者もいっしょに演技をするわけである。

運動会の閉会式が終わったときだった。子どもたちは、それぞれの組の学級の旗を先頭に立てて、閉会式の場所から行進に移り、グランドを一周した。学級の旗は、赤、白、黄、緑などと、それぞれ学級によってちがっていた。またその生地には、かわいらしいものや、ボリュームのあるものなど、さまざまな動物や植物が学級ごとにアップリケしてあり、ひどくはなやかな行進だった。

先生たちがアコーデオンで行進曲を弾いた。大太鼓が打たれた。タンバリンも鳴らされた。母親たちは、何十人もカスタネットを打った。子どもたちは、そういう先生たちや母親の合奏する行進曲に合わせて、堂々とグランドを一周し終わり、組ごとに退場して行った。一組一組、目の前を通ると拍手が起こり、退場口でも母親たちに拍手で迎えられ、拍手で送られていた。

この閉会式での最後の行進の特徴は、運動会での主役である子どもたちが、来賓や先生や親たちに見送られながら、はなばなしい行進をして退場して行くことであった。ふつうのばあいであると、来賓や親たちが退場してから、それを見送ってから、子どもたちが退場するのだが、ここではその逆である。どこまでも子どもたちが中心にされ大事にされている。だから子どもたちは、来賓や先生や親たちに見守られるなかで、喜びにみち、ほこり高い行進をして退場して行くわけである。そこには、先生や来賓や、親たちのなかに、いわゆる偉い人のなかに埋没してしまわない、自己を持ったひとりひとりの子どもがあり、個性を持った集団がある。自己を持ったひとりひとりが、また集団が行進するのだから、それは自己を持ち個性を持った生き生きとした行進になっている。

私は、芸術教育は、こういうところにもあるのだと思っている。親たちや先生や来賓が、冷然と子どもたちを見、子どもたちより先に退席するようなところからは、芸術教育は生まれてこないのだと思っている。授業のばあいも、教育全体のばあいも同じである。どこまでも、子どもを表面に立て、それを中心にしてみんなが応援したとき、子どもはよくなるのだと思っている。

9 行事と芸術教育

〔行事は演出されなければならない〕

学校の教育で、もっとも主要な場面をしめるものは、授業と行事である。組織的な構成的な創造的な授業によって子どもたちは、知識を自分のものにし、集団としての高い自覚を持ち、知識とか感動とかの質を変えていくようになる。また、意図的な構成的な創造的な行事によって子どもたちは、集団としての感動を持ち、集団的に高まり、芸術的な感動を持ち、そのなかで子どものひとりひとりが、また全体が、新しい創造の世界へとはいっていくようになる。

だから、授業と行事は、学校教育での車の両輪のようなものになる。そのどちらもが、組織的・構成的・創造的に行なわれることによって、授業のなかで子どもたちは、高い新しい次元へ進み、行事のなかで高い新しい世界へとはいっていく。そして、その二つが合わさって、子どもは、さらに高い次元へと引き上げられることになる。

そういう授業や行事は、そのときどきに創造された。生き生きとしたものだから、とうぜん子どもたちは、そのなかで深い芸術的感動を持つようになる。そういう意味で、芸術的感動は、授業と行事との両方で、たえず子どもたちに働きかけ創り出されていくものである。なかでも、行事は、直接強く子どもたちの心に働きかけていく。

そういう意味で私は、「入学式」とか「遠足」とか「子どもの日」とか「運動会」とか「音楽会」とか「卒業式」とかいう行事にはとくに力を入れている。そういう行事の一つ一つが、授業と同じように、うまく構成され組織され、演出的なものになって、その行事自体が、芸術的な感動とか、緊張とか、創造とかを持つようにしている。子どもたちが、そういう行事のなかでお互いに交流し合いながら、心を高め、新しい世界へとはいっていくようにしている。

入学式になると、一年生を迎える喜びが、学校中にみなぎるようになる。全校で力を合わせて一年生を迎える努力をするなかで、一年生に対する自分たちの気持を新しく創り出し、それにもとづいて行動するようになる。母親たちも同じ努力をし、同じ喜びを持つ。そういう体制のなかへはいってくる一年生は、はじめから、その学校集団のなかの一員になることができる。

「母の日」になると、また学校中が、母の日らしいふんいきになる。母への愛情とか感謝とかが、学校中にみなぎるようになる。入学式のときと同じに、庭にも玄関にも、廊下にも、部屋のなかにも、美しいかざりつけがされ、いっしょにフォークダンスをしたり、合唱をしたりする。そういう行事のなかで、母親と子どもが具体的に気持を交流させ、新しい母と子との関係を創造していく。入学式のとき、新入生と在校生と母親とが、おどったり、歌ったり、話し合ったりすることによって、気持を交流させ、一つになって行くのと同じである。

こういう行事で子どもたちは、みんなと一つになること、みんなと心を通い合わせて、創造をしていく喜びを学びとる。だから運動会のときでも、見ている方と演技者とがいつでも一体になっている。演技をみんなが吸いつけられるように見ている。会場全体が一つになって、考えたり、拍手したり、「いいなあ」といったり、また、そういうふんいきのなかで、それと対応しながら演技を進めたりしている。見る者と、演技者と、両方で創造をしているわけである。

こういうふうに子どもたちがなるということは、その行事が演出的に仕組まれており、また、質の高い内容を持っているからである。子どもたちは、すきなく、盛り上がるように仕組まれた行事の全時間のなかで感動をゆすぶられ、没入し、緊張し、からだをふるわせながら全部が演技者になり、新しい感動とか方向とかを自分のものにしていくのである。

私の学校では、運動会とか音楽会とか、演劇の会とかのばあい「コマ」と呼んでいるものをつくっている。これは、種目と種目との間に入れる小さなものである。運動会で跳箱などをやるばあい、その出し入れのときに間があく。そういうとき、小さい子どもがかわいらしい舞踊をしたり、さっとスキップで出てきて、自由な表情やしぐさをして、またスキップでさっと出て行ったり、男の子が、お地蔵さまになった子をかついで出てきたりする。お地蔵さまはグランドの中央に立てられる。それがあばれ出すとみんなが大形な動作で押さえたりするので、会場全体が爆笑する。そんなことをしているうちにつぎの種目が出場ということになる。

そういうものを、かりに「コマ」と呼んでいるのだが、こういうものも、行事をだれさせない大きな原因になっている。それとともに、子どもたちに、全員が出場者なのだというかまえをつくり、また、観客と出演者との交流ということにも役だっている。

演出的にやるということを、「こしらえる」とか「つくりごと」とか考える人もあるかも知れないが、ここでいう「演出」は、どこまでも固定化を防ぐために、創造をし、人と人との感動の交流をし、みんなで新しい世界へはいっていくようにするためである。だから演出することによって、質の高い行事ができ、子どもの創造力や感動の質が変えられて行くということになる。

〔行事も教育である〕

授業を終わって、職員室にいた森田明子さんのところへ、担任の二年生が幾人かやってきた。そして口口に「きょうはお掃除をしているところへこなくてもよい。先生は職員室で休んでいてください」というのだった。森田さんはいわれるままに職員室の隅にある畳の部屋に横になって休んでいた。だがいつまでたっても子どもたちが迎えにこない。森田さんは起き出して教室へ行った。ところがすぐ帰ってきてしまった。そして「斎藤さん、子どもにひまをもらったから帰ります」といって家へ帰って行った。

翌朝私は二年の教室へ行ってみた。すると正面の黒板に大きく森田さんの顔がかいてあった。そのとなりにはつぎのように書いてあった。

あした
もりた先生の
ははの日をします
もりたあきこ先生

おめでとう

それは、白と赤と二本のチョークで、二重に大きくまるでかこってあった。

子どもたちは、教室の机をみんな廊下に出し、腰かけを後ろによせてかけていた。前の方で子どもたちが、プログラムにしたがって歌ったりおどったり、お話をしたりしていた。森田さんは、子どもたちの席のいちばん前の方に、胸に大きな赤い花をつけて、満足そうに、のんびりと腰かけているのだった。

あとで私は、「どうしてああいうことをしたのか」と森田さんに聞いてみた。するとそれは、こういうことであった。「私たちは、子どもの日にお母さんたちに楽しませてもらう。お母さんたちは母の日に楽しませてもらう。だが考えてみたら、先生の楽しい日がない」というので、子どもたちで考えて「先生の母の日」をやったのだということだった。

前日、子どもたちは、授業が終わるとその相談をし、準備をしたのだった。そのことを先生に知らせないように「掃除しているところへはいってくるな」「掃除が終わってもこない方がよいから家へ帰りな」といって、自分たちでひそかに楽しい計画を進め、先生をびっくりさせようとしたのだった。

その日の朝、森田さんが教室へはいって行くと、教室は、驚くほど美しくかざられてあった。そして子どもたちは、にこにこしながら、大きな声で「森田先生おめでとう」といって先生を迎え入れ、「きょうは、うんといいことをしてやるよ。朝からがいいか、二時間目からがいいか、どちらでも先生の好きなときにしてやる」といって、計画を発表したというのだった。

私はこの話を聞いて感動した。いい子どもたちだなあと思った。大きな赤い花を胸につけてもらって、教師としての喜びにひたりきっているような森田さんの顔が、忘れられない印象として心に焼きついた。

思い出しては「いいなあ、いいなあ」と思った。

子どもたちはどうしてこういうことをしたのだろうか。ふだん自分たちが学校で大事にされている経験が、「子どもの日」とか「母の日」とかの行事の経験が、こういう心の暖まるようなものを子どもたちに考え出させたのだった。感動的なよい行事をしたことが、こういうところへもあらわれたのだった。

行事は、ただ行事のためにあるのではない。行事それ自体が、授業と同じに、教育としての意味を持っている。だから行事は、感動をたたえたものになっていなければならない。追求し、創造して行くようなものになっていなければならない。そういう行事はすでに、ただの形式的な儀式的な行事ではなく、芸術と同じものになっている。一つの作品になり表現になっている。そういうなかで、子どもを感動的に教育している。そして、そういう経験が、子どもの生活の上にもあらわれていくようになる。

躍動する学校集団——授業を核として——

1 学校集団は一つの人格である

〔授業は学校集団の核である〕

子どもがよくなるためには、専門家としてのひとりひとりの教師の腕がよくなくてはならない。しかし、ひとりひとりの教師の力が十分に発揮されるためには、教師や父母をふくめた学校全体が、いつも学習心に燃え、いのちを持ち、感動をたたえたものになっていなければならない。いわゆる学校集団とか、学校人格とかいうものになっていなければならないのだが、私はそれをつぎのように考えている。

学級は、ひとりの教師と何十人かの児童とで構成されている。そういう学級は、学級にいるひとりひとりの子どもと、教師とが、それぞれ別々に一対一で結ばれるのでもなく、教師と全部の児童とが、一対何十人というように結ばれるのでもない。子どもと子どもとが交流しひびき合い、教師とひとりひとりの子ども、教師と全体の子どもとが、交流しひびき合いながら、学級全体が、一つのいのちを持ち、目的を持って、力動的に学び合っていくものである。ここでは、教師も児童と同じに学級の成員である。教師をふくめた学級が、集団となり、一つの人格となって生きている。そういう集団になり人格になっている学級をとりかこんで、それといっしょに動いているのが、その学級の子どもの父母である。学級という集団、学級という人格は、そこまでいってはじめて成りたつ。

学校は、そういう人格を持った学級集団を単位にして構成されている一つの集団である。だから学校は、一つの思想を持ち、理論を持ち、目的を持ち、意欲を持って、生き生きと発展している人格体である。そういう基本になる学校という集団のなかで、学級とか個人とかが、ひびき合い交流し合い、学校全体でうずまきを起こしながら、行動し学習し、そのなかで、また新しい思想とか理論とか、目的とか力とかをつぎつぎと創造していく、それをとりまく父母とか地域とかもいっしょに学習していく。そういうものを私は学校集団と考える。

子どもは、学校がそういう集団になり人格体になったとき、はじめてよりよく教育されるものである。教師の腕も、そういうなかで十分に発揮されるし、またそういうなかで、みがかれてもいく。

おとなもそうだが、子どもは、ひとりだけでかしこくなることはないし、またできない。いつでもみんなと触れ合い、交流し合うなかで自分をかしこくし、自分を確立していく。とくに学校教育は、一つの方向とか意志とかを持った学校集団があり、そのなかの単位としての学級集団があり、各学級集団が、学校集団の一単位として、きびしく同じ方向に動いていったとき、集団の燃焼の力とか、エネルギーとかによって、ひとりひとりの子どもも学級も教育されていくものである。

火鉢の炭をよく燃やすためには、炭を上手に積み上げなければならない。積み上げることによって、一つ一つの炭が力を出し合い、強い火力を出して燃焼する。たといそのなかに、燃えにくい炭が黒く一つあったとしても、全体の火力のなかでその炭はいやでも赤く燃焼する。そのように積み上げられ燃え上がった炭火も、それをかきまわし、ばらばらにしておくと、いつの間にか全部が黒く消えてしまう。

学級は、ひとりひとりの子どもをよく燃える炭火のように積み上げ燃焼させることによってできる。学校も、ひとりひとりの子どもとか、学級とか、職員とか、父母とかを、うまく積み上げ燃焼させ、新しいエネルギーをいつも出しているような学習集団としての体制をつくってはじめて機能を十分に発揮する。

そのように組織された集団は、民主的力動的な力を持っており、そのなかでおとなも子どもも、自分の力を十分に発揮していく。おとなも子どもも、自分ひとりだけでは楽しくもないし、かしこくもなれないのだということを学びとっていく。学級も学校も、民主的な集団にならない限り、個人のしあわせも、個人の力の伸展もあり得ないということを学びとっていく。

私は、学校集団をそのように考えている。そして、そういう学校集団をつくるために、教師集団をつくり、父母集団をつくり、子ども集団をつくり、それが、子どもをよく育てていくということによって、同一の方向に組織され、きびしく学習し合っていくことによって、学習心に燃えた学校集団はできていくのだと思っている。

そういう学校集団は、子どもたちにとっては、自分たちが、楽しくかしこくなるということ、教師や父母にとっては、子どもをかしこくするということ、また、子どもをかしこくするためにも、自分たちが学習心にもえ、日一日と伸展していかなければならないということによって一致していく。そして、そういう学習は、子どもも教師も父母も、張り合いがあり、楽しいのだという自覚があってはじめてできることである。

だから私は、教師集団をつくることも、父母集団をつくることも、子ども集団をつくることも、いちばん「核」になるものは授業なのだと思っている。授業によって子どもに力をつけ、子どもを変革していくことによって、子どもも教師も父母も、自覚し、一致し、同じ方向に進んで行くことができるのだと思っている。

授業を核にし、子どもを核にして学校集団をつくっていくということは、当然、教師も父母も、校長も、いつも子どもの方に目を向けているということになる。

〔教師は学校という劇場の演技者である〕

学校を、一つの劇場にたとえてみるとこういうことになる。舞台に立って、はなやかにおどったり劇をしたりしているのは、教室に出て、直接子どもを教えている先生たちである。校長とか、教務主任とか、事務職員とか養護教諭とか、用務員とか宿直員とかは、また地教委とか、PTAとかは、舞台の俳優である先生たちが、最もよい条件で、最もよい仕事ができるようにする、演出者とか裏方とかの役目である。

すぐれた芸術表現をする劇団では、まずすぐれた脚本を選ぶことに努力する。それは、自分たちの追求したいものであり、追求したものを表現してみんなに訴えたくて仕方のないものである。そういうものをみつけるために、劇団全員で脚本の討議をする。

だから脚本が決定したということは、集団としての劇団全体の意志や目的が決定したことである。劇団全体が体あたりするものは決定したわけである。そこで宣伝の係はできるだけ大ぜいの人に見てもらえるように努力し、切符売りや案内人は、自分たちのものを見てくれる人を、大事にあつかい、照明係や道具方は、俳優がよりよい演技ができるようにと最大の努力と工夫をする。演出者や俳優が、すぐれた解釈とすぐれた表現をして、観客に訴えようと努力することはもちろんである。このように、劇団の全員が一つ目的に向かって努力するということは、その劇団が、理論とか思想とか、実践とかによって、目的を持った集団になっているからである。

学校が集団になっているということも、こういうすぐれた劇団のばあいと同じことがいえる。全部の職員が同じ方向に向かい、しかも、直接には、劇団のばあいの俳優と同じように、学級で教える教師が、俳優になっているということは、とりもなおさず、子どもが俳優になり子どもが脚光をあびて活動しているということである。

劇場で、俳優がすぐれた表現をするためには、演出者や照明係、道具方の働きぶりが大事になるが、それとともに観客のあり方が大事になる。観客が上手に劇を見、劇を理解し共鳴し、俳優といっしょになっているばあいは、俳優はさらに高い表現をするようになるし、また音楽とか、照明とかの係も、それにつれてよい仕事をするようになる。

学校の集団のばあいも同じことがいえる。教師や子どもが俳優になって舞台で活動しているとき、観客である親たちとか、仲間の教師とかが、それを理解し、共鳴し、感動するということによって、俳優はさらによい活動をするようになる。指導の方法とか、教科の学習とか、仲間づくりとかいう活動が、生き生きと高いものへ発展していくようになる。

学校は、そういうことまでふくめての集団になっていなければならない。そういう学校集団は、いつも、校長の目も、教務主任の目も、事務職員の目も、親たちの目も、俳優として舞台に立って活動している教師や子どもの上にじっと喰い入るようにそそがれ、それを中心にしてみんなが動いている。

学級を一つの合唱団とする。学級の担任の先生は、学級の子どもの方に目を向けて指揮をとっている。

そういう学級が幾つもある。校長は、そういう学級を単位とした全校の合唱団に向かい、教師や子どもの方を向いてその合唱の指揮をとっている。親たちとか、地教委とかも、その方に向かって目を向け、その合唱がよりよくできるように努力するわけである。

ところが実際にはその反対のものが多い。担任の教師は合唱の指揮をとっているのに、校長はPTAとか、地教委とかの方に目を向け、担任や子どもには背を向けている。PTAとか地教委とかも、合唱している教師や子どもの方は見ないで、県の方を向いている。県は文部省の方を向き、文部省はまたどこか遠くの方を見ている。こういうことがたくさんあるのだが、ほんとうの学校集団は、それとは反対に、いつも子どもの方へ全部が目を向け、子どもをよくしようとしている。

そういう集団では、いつも教師のひとりひとりが十全に力を発揮している。またその力は、いつも仲間全体にひびいていき、子ども全体にひびいていく。母親も同じになる。そしてそういう集団では、ひとりのいったことが、また集団の代表者のいったことが、いつも全体にひびいていく。そういう集団になっている子どもに働きかけ、子どもに力をつけていく。

2 学校集団のなかの教師——遅刻事件から——

私が島村へ赴任して四年目の昭和三十年十二月、第一回の「島小公開研究会」がひらかれた。それまでの実践と、その実践でつくり上げた子どものようすを発表するためだったが、県内や全国から、小中学校の先生、高等学校や大学の先生、学者、画家、音楽家、教育研究者、演劇人、映画社の人、母親など、三百名ほどが参集した。村の父母もたくさん見学したり手伝ったりしていた。研究会は第一日の九日は北部の分校、二日目の十日は南部の本校と二日間ひらかれたので、参会者は夜は村の親たちの家へ分宿した。

第一日は、一年から六年までの授業をしたあと、全校の子どもが校庭へ集まって全校合唱をした。そのあと私はとつぜん子どもたちの前へ出て、「きょうの皆さんの勉強はどうだったか、先生たちに話してもらいましょう」といった。

担任の先生たちは、子どもの横にいたり、後ろにいたりしたが、それぞれの場所からすぐに気がるに話し出した。

一年の先生は、「一年生はね、どの子もみんな百までかぞえられるようになりました。みっちゃんが、がんばってかぞえられるようになったのに驚きました」といって、みっちゃんの頭をなでた。みんなが拍手した。六年の先生は「あのね、私はきょう、みなさんがあんなむずかしいところまで勉強するとは思わなかったのです。先生は、予定がくるって困ってしまいました」と一歩前へ出て、にこにこ笑いながら話しかけた。

どの先生も、気がるにユーモアにみちて、子どもに話しかけた。子どもたち全部が、生き生きと、喜びに満ちたまなざしで、話しかける先生の方を向いてじっと聞いていた。同じ調子で前や横にいる参会者や大学の先生などからも感想が話しかけられた。

庭での行事が終わってから、保育園の広間に全員が集まったが、そこへ行くみちみち、参加者は興奮しながら口々にささやいていた。

「楽しいフォークダンスだな。こんなのがうちの学校でもできるとよいな」

「全校の集まりだのに、固苦しいあいさつとか、礼だのがないのでびっくりした。自然で楽しい集まりだ」

「授業もすばらしいね、子どもたちが参加者など少しも意識しないで、のびのびと勉強しているんだね」

「おれ、びっくりしちゃった。指導している先生が、『私にはここわからない』なんて平気でいっているんだもの。あんな自信のある先生になりたいな」

「参観者の方からもどんどん口出しできるんだな」

「授業のとき、大学の先生が横から説明したが、子どもたちは納得しなかったね。どんなえらい先生の説明でも、わからない説明は、わからないという子どもなんだ」

「教師がみんな解放されていて、にくらしいほど自信に満ちているんだね」

こんなことばが、あちこちの場所でささやき合われていた。

保育園の広間では、職員や子どもの合唱があったり、職員の研究発表があったりした。この日の職員の研究発表は、「職場づくり」のことや、「子どもの解放」ということが主で、直接教室での授業以前の問題が全部だった。この三年間に、教師や母親や子どもが、村や教師や家庭や子ども相互間の抑圧からどう解放されたかということが強く発表された。その上、討論の時間にも、ここの実践に感動した参会者から「島小は解放区だ」とか、「斎藤天才論」などが盛んにとび出した。

保育園の広間に、足も伸ばせないほどにびっしりと坐りこんだ参会者たちは、つぎつぎと発表したり説明したりする先生たちの一語一語を聞きもらすまいとしていた。後ろの方や廊下には、村の親たちがいっぱい立っていた。息苦しいような緊張感が広間いっぱいにみなぎっていた。

この日の研究会が終わって、夕映えの美しい利根の河原を、渡し舟に乗って参会者は南部へ渡った。南部の一部の母親たちもひとかたまりになってそのあとから歩いていった。その人たちにはたいへんな不満があった。

「私たちは、こんどの研究会は、子どものことを研究するのだと思っていたのに、解放だとか、職員の合唱だとかということばかりいっている。あんな会なら協力するのではなかった」

「あれでは私たちは、こんどの研究会に何のために骨折ったのだかわからない」

「先生たちを楽しませるために骨折ったようなものだ」

南部の母親たちのなかの何人かは、こんなことをいい、憤慨しながら河原の道を歩いて行った。直接子どものことが論ぜられないのに失望し、怒りを感じていたのだった。もっともこの人たちも、第二日の本校での先生の発表が、「図画指導について」とか「音楽教育について」とか「演劇について」とか「家庭科指導について」とかいう、直接子どもの教育に関係あるものだったので、第二日の発表を聞いてからは、第一日の発表が、これらにどうつながっているかということもわかり、幾らか気持をなおしたようだった。だがそれは、翌日のことだった。

第一日の夜は、本校の講堂で座談会がひらかれた。教室を打ちぬいてつくった火の気のない寒い講堂には、三つばかりうす暗いはだか電球がさがっていた。南部へ宿泊する人たちが、教室から持ってきた子ども用の低い腰かけに、オーバーやえりまきをつけて寒そうにかけていた。後ろの方には、村の母親やPTAの役員が、壁のあたりまで、びっしりと立って討論を聞いていた。

この座談会も、昼間にひきつづいて、「職場づくり」のことがいちばん問題にされ、つぎつぎと質問が出されてきた。先生たちが答えると、大きな楽しそうな笑いが、みんなのなかへ波のように伝わって、なごやかな楽しい空気になっていた。私は中央の席に司会者とならんでいたが、先生たちは、あちこちと参会者の間にはいって、自分たちの体験や意見を出していた。

山奥からきた、背の小さい女の先生から、「どうしてこんなすばらしい職場づくりができたのですか」という質問が出たとき、泉さんが立ち上がって、「最初からこういう先生方の結びつきができたのではなく、やはりたいへんな努力があったのです」という前おきで、「私たちは、遅刻や早引きなど平気でするのです」という発言をした。

それはこういうことだった。乳飲み子のいる人や、夜間の大学へ行く人が、遅刻や早引きをすることがあるが、その人たちが気がねをしていたので、「それでは私たちも遅刻や早引きをしましょう」といって他の人たちも遅刻や早引きをし、気がねをする人のないようにする手段として、職場の全体で努力した初期のころのことをいったのだった。そのために、都合のあるときは、誰でも気がねなく遅刻や早引きをすることができるようになったということをいったのだった。

泉さんの発言が終わると、後ろの壁のところにびっしり立っていた親たちのなかから「ハーイ」と、怒気をふくんだ大きな声を出し、高く手をあげるものがあった。見ると、元陸軍で、兵隊から志願して将校になっていた大山さんだった。その人は、右肩をぐっと上げて、がなり立てるように大きな声でいった。

「私は、この村のＰＴＡの会計部長をしている者だが、いまの意見は不届きだと思う。いくら先生だって遅刻してよいということはない。われわれ父兄は、大事な子どもを先生方にあずけているのに、遅刻を平気でするとは何ごとだ。泉先生は、どんないい先生かも知れないが、よい先生が遅刻をしなければ、もっとよい教育ができるのではないか。泉先生は、ほんとうに遅刻しているかどうか、はっきり答えてもらいたい」

といって、ぐっと、会場全体をにらみつけるようにした。

いままでなごやかに話し合っていた会場が、一瞬、しゅんとなり、重苦しい息づまるような空気になってきた。暗い電燈がいっそう暗く、寒々とした講堂が、一度に意識されるようだった。

私は、困ったことになったと思った。元軍人と、泉さんとを争わせてしまってはいけない、と思ったので、つとめてにこにこしながらゆっくりと立ち上がり、「大山さんのいまの意見はもっともだと思います」といいだした。

そのとき、講堂の後ろの隅に腰かけていた泉さんが、すっと立ち上がった。私の方へ、白い冴えた顔を向け、「斎藤さん、だまっていてください。私にいわせてください」と早口にいい、いい終わるのといっしょに、大山さんの方へ向きなおって、淡々とした調子で話し出した。

「私も、遅刻するのはいけないと思っています。けれども、一日いっしょにいてやれない赤ん坊が、私のあとを追って泣いたりすると、ついかわいくなって、だいたりしているうちに時間がたち、おそくなってしまうのです。遅刻するのはいけないことですけれど、私たちは遅刻したからといって、決してだめな仕事はしていないと思います。遅刻を恐れて、時間どおりに形式的な仕事をしていることより、堂々と遅刻できるような職場の方が、ずっとよい仕事ができるのです。私は、ずっとこの職場にいますが、前といまとでは、仕事に向かう態度が誰もみんなちがっているのです。いまの方がみんな真剣にやっているのです。子どもたちも、私の遅刻を認めてくれるのです」

大山さんは、このことばを聞くといっそう怒り出し、
「そんな理屈はなりたたない。そんな先生にはやめてもらいたいものだ。遅刻してもいまくらい効果があがるのなら、一時間前にくるようにすれば、いまよりもっと効果があがるはずだ。私は父親として、PTAの役員として、先生たちにそういうことを要求する」
と、わめくようにいった。大山さんのめぐりに立っていた母親たちも、それに賛成しているような表情だった。

ふたりはつぎつぎとはげしくやり合った。泉さんは、「五分だけ早くくれれば、五分だけよい教育ができる」という意見に一歩もゆずらなかった。私はふたりのやりとりをだまって聞いていたが、「ほんとに日本にも新しい女教師が出たのだなあ」と思った。それを見ていた映画社のプロデューサーも、「きっと立って、斎藤さんの方を見たときの横顔は、俳優の顔ですねえ」とあとで、しみじみといっていた。

ぼうぜんとしていた参会者たちも、しばらくしてから、つぎつぎと立って、泉さんや学校のために弁護し、何とかして元職業軍人にわかってもらおうとした。

めがねをかけたおばあさんの先生は、ていねいにおじぎをしてからいいだした。
「私は、島小学校を見て、ほんとにびっくりしてしまいました。先生たちも子どもたちも、みんな明るくのびのびとして、お互いに支え合い、励まし合っているのです。子どもも、授業も、合唱も、みんなすばらしいので驚きました。泉先生の教室なども、ほんとに一生けんめいやっているので涙が出るほどでした。こんなよい学校はどこにもありません。授業や子どもがよいのと反対に、設備の貧弱なのにも驚いてしまいました。こんな設備のないところで、こんなよい仕事ができているのです。それも職場づくりがよ

くできているからだと思います。遅刻するのがいけないということより、遅刻して平気でいられる職場があってはじめて、こういうよい仕事ができるのだと思います。どうかこのこと、わかってあげてください」いい終わって、その先生はまたていねいにおじぎをした。

そのときは大山さんもだまっていたが、そのあと、東京からきていた劇作家のAさんが「学校の先生は、スターなんだ。歌舞伎の役者なのだ。芸術家なのだ。だからめぐりが大事にして、少しのことで非難したりしないで、みんなで暖かく見てやることが大事だ」ということを、小さな声で少し長くゆっくりと話した。

大山さんは「声が小さい。早く話せ」「先生が芸術家なら百姓だって芸術家だ」「もっと簡単にやれ」などと、やじったり、どなったりしていた。

このとき、大学の吉沢教授が、正面の席から立って、

「PTAの役員の方の意見はまちがっています。教育は、五分だけ早くくれば、五分だけよい教育ができるというものではありません。教育の仕事は創造なのです。創造的なよい仕事をするためには、教師に自由がなくてはいけない。ここの先生たちは、そういう意味で自由を主張し、実践しているのです。だからこんなすばらしい仕事ができるのです。あなたのようなことをいっていては、せっかくのよい仕事も伸びなくなってしまいます」

と、きびしい調子でいった。

大山さんは、大ぜいの人が話せば話すほど、ますます自分の主張が正しいといい出した。そして吉沢教授に向かって、「あなたはどこの誰です。誰にたのまれて弁解するのですか」といい、「人の村のこと

を」と、たたきつけるようにいった。しばらく聞いていた吉沢さんもついにおこり出して「あなたは教育のことは何もわからない。素人ですよ」と、大きな声でいった。大山さんは、「そうですか、私は教育の素人ですか」といってはじめて引きさがった。会場はまたしばらく、しーんとなり、発言するものが出なかった。

そのとき、藤原公子さんが席を立ち、まんなかのあいているところを通って、後ろの母親の方へつかつかと歩いて行った。藤原さんは、女高師の保育科を出て、埼玉県で保育園をやっている三十歳を過ぎたばかりの人で、ふだんいつも島小へ出入りしているひとりだった。藤原さんは、知的な美しい顔を母親の方へ向け、呼びかけるようにしていった。

「私は、ここのお母さんたちにぜひお願いしたいと思います、それは、先生たちをほんとうに自由にしていただきたいのです。ここの子どもさんたちが、いまのように立派になったのは、この学校の先生に自由があったからだと思うのです。さきほど大学の先生がいいましたが、このような独創的な仕事は、自由を持った先生でなければできないのです。私はよその学校も見ましたが、ほんとうにここの子どもはしあわせだと思います。

私はいままで東京で長く保母をしていましたが、私どもの職場では、独身者しか働くことができないのです。たまたま、ご主人に亡くなられ、子どもをかかえて困り、保母として働きたいとまじめに、熱心に訪れてくる方があっても、子どもがいては、仕事に専念していられないからといって、どんな立派な方でも、すげなくことわってしまうのです。

私も、けんめいに人さまの子どもをあずかり、年をとるのも忘れているうちに、いつの間にかこんなおばあさんになってしまい、その間、恋愛もゆるされないほどでした。みなどのお母さんも、自分の子どもさえかわいがってもらえればという利己的な考えで、自分をまったく捨て、奉仕しなければ不平をいいます。こんな毎日にときどきさびしい思いがするのです。

先生だって人間です。人を愛し、わが子を愛して、生活していっていけないはずがないと私は思います。私は小学校の先生方が、結婚し、子どもを育てつつも教育の仕事にたずさわっていられることを、ほんとうにうらやましく思います。またそれでなくてはいけないとも思うのです。

五分おくれるのが、いい悪いといい争う前に、『わが子だけ』『わが子さえ』という考え方を捨てて、生まれるとすぐ母親から離れて一日中暮す、かわいそうな赤ちゃんを、つい五分よけいにだいてあげるという、母親らしい感情を、ほんとうにわかってあげて、お互いに暖かい気持で助け合って、みんなの子どもをしあわせにする方法を考え合っていくことを、心からお願いします。そういう暖かさが、五分よけいに教育したから、少なくしたからなどで、はかることのできない効果を生むのではないでしょうか」

公子さんは、無雑作にたばねた黒い若々しい髪を後ろに下げ、美しい顔を上気させて、きれいな声で一気にそれだけのことをいい終わった。お母さんたちも、会場全体の人たちも、深い感動に打たれて、あちこちで、ためいきのようなものが出た。母親の席からも、遠慮がちな拍手が起ったりした。

その翌日、本校で授業をし、野外劇や、合唱や、子どもの学習発表、職員の研究発表などをし、二日間の公開研究会は終わった。参会者からは二日目も「斎藤天才論」が何回も出た。「すばらしい仕事だ」という嘆声も何回もあがった。「先生たちが何とのびのびと美しいのだろう」「子どもたちの合唱や演劇のすばらしいのには驚いた」「授業のはこびのうまいこと、子どもたちが集中してよく考えるのに驚いた」こんなことがつぎつぎと出されていた。

そういう二日間であったが、私たちは何か楽しまなかった。二日間の研究会が終わって、参加者が帰ったあと、全職員は職員室へ集まってお茶を飲んだ。すばらしい感動と反響を参会者に与えた研究会が終わったのに、誰も誰もみんなうなだれて、じっとだまっていた。自分たちのいままでの仕事がきびしかっただけに、いっそうさびしい気持がみんなの間に往来した。これからのきびしい仕事も、ひしひしとみんなの気持にせまってくるのだった。同じ席にいた、この村の人で、他村の学校の先生をしている人や、渋沢さんのご主人も、小島さんのご主人も、大学の先生も、みんな同じ思いで席についていた。少しばかりの酒が出たが、誰も歌声一つ出さないで、しんみりとしていた。

私は、その集まりの中心の席にいたが、いちばん悄然としていた。そういう私の気持がいっそうみんなを浮きたたせなかった。私は、倒れそうになるからだを椅子にささえていた。小島君代さんが、ご主人のそばから離れて私のそばに席をとり、後ろから支えるようなかっこうをして私を見守っていた。

3　地域のなかの学校――ピアノ事件の反省

第一回の公開研究会を開いたときには、一つの大きな事件が起こっていた。

私が赴任したころ、この学校には設備は何もなかった。あるのは、机と腰かけと、黒板と掃除道具だけだった。校舎もあれはてていた。本校には古ぼけたピアノがあったが、分校にはピアノもなく、よく音の出ないオルガンが一台あるだけだった。

近くの学校の子どもが、河原へよく遊びにきては学校へ立ち寄った。そんなとき、「小さい学校だ」「何もない」などとかまわれるが、子どもたちは教室の隅の方に集まり、小さくなっていた。石を投げられ、ガラスを割られたりもしたが、子どもたちはやはり何もできなかった。私は、そういう子どもたちの姿を見て、何とか設備をしてやらなければと思い、できるだけ早急に設備するようにつとめていた。

ちょうどそのころ、教務主任の馬場さんが、北海道であった僻地教育研究会へ行ってきて、「僻地では、宿直を先生がしたことにして、宿直費をもらい、その費用で学校の設備をしているところが多い」ということを私に話した。私は考えたすえ、「私の責任においてそれをやりましょう」といった。

分校では、それまでずっと専門の宿直員はいなかった。また、先生たちも宿直をしていなかった。私が一週間に三日ぐらいは分校に泊まっていたので、それを宿直の形にすればよいと思った。それで県へ、宿直を先生たちがすることの申請を出すことにした。

ただ、金銭上の問題があるので、申請する前に村の教育委員会に話し、また村長や助役にも話した。その上、毎月七千円ぐらいずつ県からくる宿直費を、そのつど庶務主任の織田さんが、その月の支給額と、それまでの合計金額とを書きこんだカードを役場に持って行き、村長か助役の認印をもらって、現在幾らになっているかを証明してもらった。現金は学校の通帳に貯金して織田さんが保管していた。

私は、その金で分校へピアノを買おうとしていたので、金がある程度まとまるたびに楽器店へ前金として持って行った。ピアノの代金の半分がはいったら現物をとどけてもらい、あとは月々に金を払って行くという計画だった。

ところが、まだ半金もはいらないうちに、楽器店ではピアノを届けてきてしまった。私が盲腸の手術をして入院している最中だった。先生たちも子どもたちも、すばらしいピアノがはいったので大喜びだったというが、村の議会でそのピアノのことが問題になった。「予算にないのになぜ買ったか」ということだったが、村長が事情を話したので議会でも了承という形になってしまった。

ところがその後このことが、どういうわけでか外部へもれ、さまざまな噂が村以外のところに流れていた。その金を私が着服して家を建てたという噂が出た。その金で私が自分の家のオルガンを買ったという噂も出た。

第一回の公開研究会をやった年の八月、県の教育委員会が私を呼び出して調査した。大きな刑事事件だということを強くいった。私はそうは思わなかったが、村長や村の人たちにうるさいことがいっては申しわけないと思ったので、いっさい自分の責任でやり、他の人は誰も知らないのだといった。

私はこのことが表面化し、そういう人たちに迷惑をかけるということは、いままで応援してもらい、わがままを通し、とにかくここまで学校や地域の仕事が進んできたいま、私には堪えられないことであると思った。

それで私は、「いっさいの責任は私にあるのだから、私が退職することによって円満に解決したい。だがいまは学年の途中であり、表面の理由が出せないから、三月まで待って、三月にやめることにしたい」ということをいった。

私はそういうつもりでそのあとの日を送っていた。ところが十一月になってから、また県の方から話しがあった。こんどは強硬で執拗なものだった。「すでにこの事件は警察でも知っていて、逮捕の用意をしている。新聞社も調査しているから、いつ新聞に出るかもわからない。そうなるとおしまいだ。即座に辞表を出さないとあぶない」ということだった。だが私は、いま辞表を出せば、きっと問題になり、かえって混乱すると思ったので、それには何とも答えなかった。県や地教委は、毎日のように私を呼び出して、何とか辞表を出させようとした。そのころは、旧島村は解体して、新しい町に合併していた。地教委も、その方の地教委だった。

そんな緊迫した情勢だったが、私は職員にも、教務主任の馬場さんにも、旧村長その他の人たちにも、そのことを少しも話さなかった。だが先生たちは、私のところへ委員会からひんぱんに電話がきたり、私が出かけて行ったりするので、「斎藤さんの身の上に何かある」と、心も落ちつかないようであったが、具体的にはどういうことか、ぜんぜんわからないようであった。

第一回の公開研究会は、そういう情勢のなかでひらかれたのであった。私は、心に辞職を決めていただけに、この二日間も、おそらく私の仕事の最後のものになるだろうと考えていた。

だから私は、公開研究会の二日間、私がほめられ、みんながほめられるのを、弔辞を読まれるような気持で聞いていた。会が終わって、職員室へみんなが集まったとき、私は悄然としていたのも、みんなが無言だったのも、そういう背景があったからだった。

私はそのとき、これが最後になるかも知れない。こんなに成果をあげたのに、職員にもほんとうにすまないことだと思って、倒れそうになるからだを椅子に支えていた。

このピアノ事件は、職員や村の人たちには真相がわからなかった。村の一般には、そういうことがあったことも知らない人が多かった。また、「オルガンを買った」とか、「家を建てた」とか「予算を独断的に使ってピアノを買った」とかいう、村の外に流れている噂を、そのままに信じているような人たちもあった。

公開研究会が終わった翌週の十二月十七日は土曜日だった。その日の午後、私は地教委の教育長に呼ばれた。教育長は、「一生けんめいやってくれたのに気の毒だがやめる気があるかどうか」と気の毒そうにいった。事態が急を告げているということだった。私は、はじめから退職する気でいたので、「そういうことならやめることにしましょう。けれども理由がつかないから、県下のみんなが問題にするでしょう。また職員もきっと問題にして騒ぐでしょう。けれども職員には私からよく話して了解してもらいます。だが県教組の方は問題だから、明後日、校長会の文教委員会で前橋へ行くついでに県教組へ寄って、話をつけ、問題にしないようにたのんできます。そして、二十日に辞表を出します」といってそこを出、家へ帰ろうとして駅へ行った。

駅には泉幸子さんと岡本みねさんが伊勢崎へ映画を見に行くところだといって立っていた。三人で電車に乗りこみ、話し合いながら伊勢崎までいっしょに行った。ふたりがひどく美しくかわいく見えてならなかった。こんな美しい人たち、よい仕事をする人たちとも、もう別れるのだと思うと、いとしくてならなかった。何も知らないふたりは、電車のなかで、楽しそうに笑っては私に話しかけていた。

十九日の月曜日に前橋へ行き、県校長会の文教委員会をすませてから、午後県教組へ行った。常任の部屋には、調査部長の鈴木さんがひとりでいそがしそうに仕事をしていた。私がはいって行っても、ちょっと会釈しただけでつづけて仕事をしていた。

しばらくたってから「ちょっと話しがあってきたのですが」というと、鈴木さんは、さっと仕事をやめ、立ち上がってきた。ピアノのことを簡単に話し出すと、鈴木さんは私のことばをさえぎった。そして、「そのことなら、絶対に退職とか何とかということをしないでください。斎藤さんが退職願いを出せば、教組の方ではいっそう問題にし、どこまでもたたかいますから」といって、にやりと笑った。県教組ではすでにみんなが知っていて、私が行くのを待っていたようであった。

私は、問題にしてくれないようにたのみにきたわけだったが、出せばいっそう大きい問題にするというのでどうにもならなかった。

「これは斎藤さんひとりの問題ではないのです。違法でも何でもないのに、責任をとってやめるなどということをやられては、あとの者が困ります。とにかく教組の方で何とかいって行くまで、絶対に辞表は出さないということを約束してください」

私は仕方なく、そうすることを約束した。鈴木さんは「斎藤さんでも、自分のことになると古いのですね。だから文化人は困るのです」といって、いかにも安心したように笑った。

その晩、県教組の常任は、八方へ飛んで活動を開始した。東京の弁護士のところへも行き、地教委へも行った。私の自宅へも常任や支部の役員がつめかけてきた。そしてこの事件のいっさいを県教組に委任するようにといって、委任状に認印を押させた。この事件は、私の手から県教組の手に移った。

その翌日の二十日、私は学校へ行った。午後、先生たちの一部は二階の図書室で研究委員会をひらいていた。私は、しきりに電話がきたりするので、その会にも出ないでいた。終わったころになって、「よい案ができましたか」といって二階の図書室へはいって行った。もう夕方でうす暗かったが、先生たちは仕事を終わって、何か話し合いをしているところだった。私が「終わったら帰りましょう」といって出ようとすると、小島君代さんが、「斎藤さん、ちょっと話があるのです」といって呼びとめた。みんなも、きっとして私の方を見た。

小島さんは「斎藤さん、斎藤さんの身の上に何かあるのではないですか。みんなが心配しているのです。もし何かあるのなら話してください」といった。私はうっかり「そのことなら、明日組合の役員がきてみなさんに話すことになっていますから、そのとき聞いてください」といってしまった。私は別に隠すとか何とかいうのではなく、組合の役員から、全職員にじかに話すということになっていたのでそういったのだった。そういうと、みんなはいっせいに「そういうことを聞くと、私たちはなおさら心配で仕方がない。きょう話してください」とつめよった。

私は、こうなったらみんなに話すより仕方がないと思って、「それでは下でみんなに話しましょう」といって、下へおりた。もう分校の先生たちは帰りかけて、校舎の外へ出ていたが、私が話をするというので、みな血相をかえて職員室へ集まってきた。

火鉢のめぐりにみんな集まった。すでに電燈がついていた。私は腰かけていたが、みんなは立ったままで、私におおいかぶさるようにしていた。私は、はじめからの経過を話し、県教組に委任するまでのことを話し、みなさんにもいままでずっと心配をかけてすまないといった。声がかすれて、かさかさした話しぶりだった。

話し終わるとみんなは安心したような顔をした。そしておこり出した。「そういうことをどうしていままで話してくれなかったのです。何でもないではありませんか」と、みんなはいった。渋沢千恵子さんは、「斎藤さんは、ふだん私たちには、どんなことがあってもみんなして助け合わなくては、といっていました。それだのに、自分のこととなると私たちを捨てて、さっさとやめてしまうのですか。私たちはそういう斎藤さんが不満です」と、強い語調でいいだした。

私は何といわれても仕方がなかった。だまって頭をたれていた。私の妙な潔癖性がはずかしかった。

「斎藤さんは、自分のことになると、いつも地金を出してしまう。古いものが表面に出てしまう」と、村の小島和夫さんにいわれたことがあるが、幾らたたかれても仕方がないのだと思った。

この事件は、その後一月末までつづいたが、組合が強く活動し、また教委側も、弁護士に聞いたところ、「この問題は、何年法廷で争っても負ける」といわれたということで、案外あっさりと片づいた。

職員も、何カ月もつづいた、何のことかわからない重苦しさ、何か斎藤の身の上に圧力がかかっているという重苦しさから解放されて、職員室には久しぶりに春がきたようだった。火鉢のはたでみんなと話し合っているとき「泉さんたちが映画を見に行ったときが、辞職することを決めた日だった」というと、「私たちはあの日、斎藤さんのようすから、そんなこと少しも気づかなかった。斎藤さんは、すまして、にこにこ話していたのだもの」と、くやしそうにいっていた。

4　教師のたたかい

〔よい実践には法則・理論が裏打ちされている〕

教師ほど自己とのきびしいたたかいを必要とする職業はない。そのことは、授業が、科学や芸術と同じように、追求を重ねていかなければならないものであり、教師と子どもとが一つになって、きびしく真理を追求していくという態度と方法をとらない限り、子どもをよくすることはできないからである。そして、そういう態度や方法をとるということは、常時、自己とのきびしい苦しいたたかいをしなければならないからである。しかし一般的にいって、教師ほどそういう真理追求のできないものはない。そこから出る、自己とのきびしいたたかいのできないものはない。

幸いなことに、私の学校の先生たちは、実践をしたがために、つぎつぎと事件を起こし、つぎつぎと他から批判攻撃を受けた。それを防ごうとして必死になって実践した。そのことは、期せずして、実践での追求者、実践で自己とたたかい、自己を確立していくという追求者的な教師に、それぞれの人を育てていった。

「腕のよい教師になりたい」このことは、島小の先生たちの、最大の、せつなるいつもの願いだった。それは、ここの先生たちが、仲間の実践や自分の実践で、教師の腕によって子どもが確かに変わってしまうということを、如実に見せつけられ、またみずから経験して、身にしみて感じているからである。また、そういうよい実践には、必ず法則があり理論があることを、それと対抗するだけの他の理論や法則のないことをよく知っているから、その前に頭を垂れ、それから学びとり、自分の腕をみがかなければならなくなるわけである。

そしてそういう実践をした先生たちは、子どもをよくするということにおいては、それが効果をあげない理論や方法である限り、どんな権威にも、どんな通説にも従わないで、自分の道を歩むという態度を学びとり、身につけていった。そのために、批判や攻撃や罵倒を受けたとしても、恐れないだけの人間になっていった。

そういう教師である私たちは、教育をどのように考えていったのだろうか。それは、子どもの知能とか学力とか人間とか顔とかは、どんな子どもでも変えていくことができるということである。子どもを「できる子」とか「できない子」とか「頭のよい子」とか「頭の悪い子」とか「よい子」とか「だめな子」とかに限定し固定して考えないということである。もし子どもの知能とか学力とか顔とかが、先天的なものであり、絶対変えられないものだとすれば、それは教育の可能性を信じないことであり、教育の仕事をみずから放棄することである。教育という仕事を成り立たせなくしてしまうことである。私たちは、そういう決意のもとに仕事をしていったし、その実証もつぎつぎと出していった。

知能テストを私たちは毎年やってきた。しかしこれは、それによって頭がよい悪いを決定し、学級での素質的な序列をつけようとしたものではない。だから私たちの間では、「あの子は知能指数が低いのによい成績をとっている。力以上に努力しているのだ」とか、「指数はよいのに成績が悪い。怠けているのだ」というようなことばは、職場のなかで一度も使われたことがない。指数によって子どもの素質を位置づけたり、五段階評価によって子どもを位置づけたりすることは、ひとりひとりの子どもの能力を伸ばさないで、支配者と被支配者とを決定してしまうものとして私たちは排撃してきた。

私たちのやる知能テストは、ひとりひとりの子どもの能力を、どう伸ばすかという目的でやったわけである。頭がよい悪いは、生まれつきで変わらないものでなく、教育の力によって、どの子も大きく変わっていくという前提に立ってやったわけである。人間の知能は、教育のやり方とか、学級とか学校とか、社会とかのあり方によって、無限に発展していくものだという考え方に立ってやるわけである。

そう考えるばあい、教師が子どもに向かう態度はぜんぜんちがってくる。Aは8の力を持ち、Bは4の力を持っていた。ところが学習によってAは10となり、Bは8になった。このばあい、五段階評価の考え方では、10と8のちがいをそのまま認め、Aを優秀としてほめるわけだが、私の学校ではそういうことをしない。10と8のちがいより、AとBの伸びた度合の方に目を向ける。Aは2伸び、Bは4伸びたのだから、AよりBの方が教師や学級全員から賞讃される。そういう考え方に立ってはじめて、学級全体どの子もが自分の知能や能力を伸ばしていけるということになる。

そのようにして、子どもの知能を変え、子どもに、人類が何万年となく積み上げてきた文化遺産を身につけさせ、どの子にも思考力とか創造力とかを身につけさせ、文化的に人間変革をさせた子どもを世のなかに送り出すことが教育である。そのように教育された子どもがふえることによって次代の文化というものはできていくと考えている。

そういう考え方に立ったとき私たちは、どんなに苦しみがあっても、教育という仕事に情熱を感じ、全力をあげることができ、一時間一時間の授業に全心身を傾ける勇気と希望が湧いてくる。

どの参観者もみなびっくりするぐらい学校の設備は悪かった。そういう悪条件のなかで先生たちは、必死となって専門家としての努力を傾けた。子どもも教師も母親も一生けんめいになってやった。もちろん設備のある方がよいのだが、設備のないところでも、教師としての力を発揮し、限定されたわくのなかでも、いままで出ていないようなものを、つくり出し、自分たちの考え方の正常性を実証し主張しようとした。そして、それだけの仕事を子どもの上に実現していった。

しかし、いままでの慣習で、形式的に惰性的に仕事をしていくことを無難とし、またそれになれ、それだけをよいものとしている人たちには、なかなか私たちの仕事は理解されなかった。また、教育政策の一つ一つが、ほんものの教育を追求していく方向とは、逆になっていくことが多く、大多数も、それをあやしみもしないいし、それを否定するだけの実践も出ていない状態のなかでは、私たちの仕事は、幾らそれがほんものだと実践的に思っても、成果を上げても、よほどの勇気と自信と決意を持たない限り、それを守りつづけることはたいへんなことであった。苦しくさびしい道であった。

私も、私の学校の先生たちも、好んでみずからそういう道にはいりこんだのだが、本物を求めて創造し実現していく苦しさ、つぎつぎとあびせられてくる攻撃の前に少しも休息することのできない仕事のきびしさ、それがつぎつぎとつづいていくとき、従属的になり、時流に乗って形式的に安易に仕事をしていく人たちをうらやましいと思うこともあった。こんなにばかな苦しみ方をしなくても、楽に歩めるたんたんたる道のあることを、こんな骨の折れる道を歩まなくても、りこうに器用に過ごせることを知っているのだといいたくなることもあった。

しかし私たちは、教育という仕事は、きれいな道をきれいに歩むことによってできるのではなく、道のないところを、苦しみながらきりひらいて通ってはじめてできるのだということも知っている。そういう道は、ごまかしのできない苦しい悲しい道である。

だが私たちは、もうその道へはいってしまった。出ることはできないし、また出てはいけない。苦しくも歯を喰いしばって、本物の教育はどういうものかをさぐりあて、実現していかなければならない。私たちの歩みをじゃまし、実現させまいとし、ちがう安易な道を歩ませようとするものは幾らもいる。だがそれをしてしまっては、本物の教育はいつまでたっても出てこないのだ。

私たちはそんな考え方で仕事をしていった。だから苦しいさびしいことばかり多かったが、そういうことがあるだけ、職場のみんなが結束し、職場集団を強いものにし、そのなかにいるひとりひとりの実力を強いものにしていくきびしい学習をしていった。そして、そういう努力の結果が、子どもたちや、自分たちの上に出ていくたびに、それを喜びとし、それに励まされて、さらに高い段階へと学習を押し進めていった。

〔教師の学習の中心は授業だ〕

創造的なよい仕事をしていくための、職場の高め合いは、授業に出発し、授業にもどるものだと私は思っている。専門家としての教師は、授業によって本務を果たし、子どもをよくしていくのだから、よい授業をし、よい子どもをつくるという目的のもとに、授業を核として教師と教師とが結び合いを高め合っていくし、また、教師と子どもも、教師と父母も、授業によって結び合い高め合っていかなければならない。またそれ以外の方法で結び合い高め合われるものでもない。

そういう考え方に立つ私の学校では、研究授業会が非常に多い。学校の年中行事として年四回決められた研究授業会がある。これは、本校の低学年（一、二、三年）、高学年（四、五、六年）、分校の低学年（一、二、三年）、高学年（四、五、六年）と四つの部があるが、それが一回ずつ研究授業会をひらく。そのばあいは、その部の研究授業会の前に、部内で何回も研究授業をやり、目的とか問題とかを見つけておき、当日になると、教案をプリントしてくばり、自分の部以外の本校分校の先生に授業を見てもらい、批評してもらい、討論していくわけである。

本校の低学年が研究授業会をしたときであった。批評会のはじまったとき、私は余興のつもりで三人の先生に、その日の授業についての自己評価をしてもらった。田中さんは四点といい、川尻さんは三点といったが、中本さんは「0点です」とすましていうのだった。理由を聞くと、「私はこの前研究授業をしたとき、三つの問題をいわれました。きょうは、その三つを何とか出したいと思ってやったのですが、それが一つも出なかったのです。だから0点なのです」といった。みんなは「なるほど」と思ったが、話し合っているうちに、三つの宿題のうち、一つははっきりと出ていたということになり、中本さんのいう評価でやっても、0点ではなく、三分の一は得点しているということになり、みんなして楽しそうに笑った。それから、田中さんのばあいも、川尻さんのばあいも、その授業のなかに新しい実践があったので、四点や三点ではない、もっと高い評価をしてもよいということになった。

こういう決められた授業研究会のほかに、本校分校ともに毎月一回ずつ父母参観日があり、また他校からの毎月の参観者に見せる授業もある。このどちらも、私の学校では、ただ見せるだけの授業ではなく、きびしい研究授業になっている。だから母親のばあいも、他校からの参観者のばあいも、必ずあとで批評会をすることになっている。

私もふだんよく授業を見て歩いている。教室へはいっては授業を見たり、口出しをしたりする。そしてその授業の場面をよく覚えて帰り、休み時間や放課後、火鉢のはたで先生たちと話し合う。教材の解釈のまちがっていることが話に出たり、子どもから出た問題のとり上げ方が話に出たり、「すばらしくよかった」とか「下手だった」とかいう話が出る。また私が見た授業や火鉢のはたで話し合われたことを、本校から分校へ、分校から本校へ持って行ってみんなに伝えたりする。

私と同じように先生たちもよく人の教室へはいって行く。廊下を通りかかった先生が、ちょっとその教室へはいって行って授業を見たり、授業に参加したりする。はいる方も、はいられる方もそれが少しも苦にならない。

休み時間や放課後になると、よく黒板に算数の問題だの、国語の文章の一節だのが書かれ、それをとりまいて先生たちが話し合っている。その教材の解釈をさまざまに出し合ったり、それをきょう、どう解釈し、どう学習させたとか、こんなふうにしてうまくいったとか、失敗したとか、そんな話が夢中になって話し合われている。だから私の学校では、ふだんの一時間一時間の授業が、また職員室の生活が、それこそ絶えず研究授業という形になっている。

学校で決められた研究授業会とか、ふだんの火鉢のはたでの授業研究のほかに、個人として自分から希望して指導案をプリントし、みんなに見てもらう研究授業会のあることも特徴である。研究授業をしてみんなに見てもらいたい人が、黒板に案内を出すと、都合のつく人が、みんなしてその時間にその先生の教室へ行く。

森田明子さんが二年生を担任していたときであった。森田さんの希望での研究授業会があったのだが、その前夜私は、他の地域へ行って、朝の二時ごろまでそこの先生たちと話し合っていた。そして五時の汽車に乗って出発し学校へ間に合わせた。

森田さんの授業は前半すばらしい授業だった。だが、授業のいちばん大事なところへきたとき、あまりにも子どもたちが立派な発言をしたし、また発言の種類も多かったので、先生はそれをさばくのがたいへんだった。先生がそれをまとめて、つぎの次元へと発展させることができなかったので、学習は堂々めぐりをしてしまい、子どもたちも先生も苦しそうだった。

森田さんはときどき私の方へ顔を向け、助け舟を求めるようなようすをした。だがそのとき、私は前夜の寝不足で的確な発言をすることができずにいた。森田さんは、他の先生たちに意見を出してくれるようにたのんだ。だが、問題があまりにもむずかしいので、誰からも発言が出なかった。

その授業が終わったとき、学習を終わった二年の子どもたちは、後ろに立っていた私のところへ、いきおいこんで集まってきた。そして、「校長先生があのときいってくれれば、もっとよい勉強ができたのに」と口々に抗議するようにいうのだった。批評会のときは、授業を見た保育園の人たちもきていたが、その席でまた森田さんに抗議された。「斎藤さんは不親切だ。あんな大事なところでいってくれない」と涙をこぼすようにして森田さんは抗議するのだった。

私は、ほんとにまいったと思ったし、この子どもたちにも森田さんにも頭が下がった。ふつうの学校であれば、授業中他の先生の意見を求めるようなこともないし、また横から口出しするようなこともない。だが私の学校では、そういうことがいつもふつうに行なわれている。そして、横からの口出しによって教材の追求がよくでき、子どもたちがよくわかったばあいでも、子どもたちは喜びこそすれ、自分たちの担任の先生をばかにするようなことはない。また担任の先生も、喜びこそすれ、恥ずかしいなどとは思わない。

このようにきびしい研究授業をみんなが必死になってやるということは、どこに原因があるのだろう。もちろん、よい授業をして子どもをよくしなければならないという現実のきびしさがある。また、子どもがよくならないのは自分の腕が悪いのだという認識がある。

しかしそれだけではこういうきびしい仕事はできない。それは、研究授業をすれば、必ず自分に利益があり、自分の腕が上がるという体験がそれぞれの先生にあるからだ。

そういう体験を先生がするということは、研究授業を見る方がおざなりに見ないということだ。おざなりに見て、適当にけなし、適当にほめてお茶をにごすということを決してしないことだ。見る方も十分に教材研究をし、授業中の先生の発言や子どもの発言や動きを全部空で覚え、その授業のなかにふくまれている実践のあやまりや、そのわけ、また、その授業のなかで成功したところや、その意義や、その背後にかくれている理論などをみんなして発見し、授業者にも、また見た人たちにも、無意識的なものを、はっきりした意識にするような批判を、みんなして創り出すということである。

すぐれた実践のなかには、必ず理論のようなものがこもっているものである。芽を出しているものである。それが、ささやかな小さなものであっても、一時間の授業のなかの、ある一部分にぽっと出たものであっても、その実践のなかには、かすのように必ず理論のようなものがへばりついているものである。そういうへばりついているものを、私や先生たちは一生けんめいになってさがし、はがしとり、それをまとまったはっきりしたものにする。そしてそれをつぎの実践の噴射力とする。まちがった実践、不成功の実践のばあいも同じである。そういう実践をつきつめ、そのもとにあるものをさぐっていくと、いままでの理論や方法のまちがいも、自分たちの行く方向もはっきりしてくる。まっすぐの方向に行けばよいと思ったのに、もっと横の方へ進んで行かなければならないということがわかってくる。そして他を批判することも、仲間を批判することも、ときに教育学や、文部省や日教組を批判することもできてくる。

そういうつっこみのなかから、「成果が上がる実践には必ず理論がある」「周囲に影響を与えるような実践には必ず理論がある」ということを、お互いに身にしみて発見していく。そして、そういう作業によって、授業者はもちろん他の人たちも、目をひらかれ、自分の世界を拡大し、それぞれがいままでの自分とちがった新しい高い次元へと、自分を変革していく。そしてそれがまた、ひびき合い、エネルギーを発揮しながら、絶えず前進し成長していく新しい集団にと、職場を成長させていく。

研究授業の批評会は、そういうものをつくり出すものである。だからひどくきびしいものである。私の学校の先生たちは、「研究授業をするより、批評側にまわる方が、ずっと骨が折れる」ということをよくいうが、授業者が利益を受け、授業者にも批評者にも、共通の新しい理論や方向が発見でき、さらに高い教師の職場集団をつくり出すような批評を創造しようとすれば、とうぜんそういうことになる。そういう批評会があってはじめて、「研究授業をすることは苦しいことだけれど、やらずにはいられない」ということになり、「きょうの研究授業で、こんな発見があったのだ」と、授業をしてくれた人に、仲間のみんなが感謝することになる。

職場の仲間がほんとに仲よくするということは、ほんとうにきびしく批判し合い、影響し合い、高め合うというなかからだけ生まれてくる。そして教師の世界においては、授業をきびしくし、それによって具体的にきびしく批判し合うということが本質的であるし、また効果のあがる方法である。本務である授業という実質的なもので、きびしい批判をし合わないで、他の形式的なことで、いかめしくしているということは、それがいかめしければいかめしいほど、真の意味のきびしさのない、中味のふにゃふにゃしたものになっている。形式や権力で職員をしばったり、統制したりすることがそれである。そういうことによりﾞ、授業で批判し、仲間の高め合いをすることの方が、はるかに高いものであり、次元のちがう世界のきびしさを持ったものである。

このような授業の相互批判は、仲間の前ではもちろん、親たちの前でも、参観者の前でも、子どもの前でも、いつも平然と行なわれる。しかもそれは、具体的な事実に即して批判される。だからもちろん、お互いにだれでもたいへんなことである。だが、その批判は、事実についてされ、また、実践が進む段階ごとに、その段階のなかにある理論に目をつけ、引き出し、批判したり意味づけたりするのだから、そのときにはどんなに打ちのめされた人間でも、あとでは必ず立ち直り、自分の実践を引っさげて立ち向かってくるということになる。

私の学校には、この八年間、それぞれの個人や学級が、つぎつぎと生み出した遺産が、ありありとみんなの心に残っている。それをいまでは「伝説」というようなことばでいっているが、それらがつぎつぎと継承され発展されていっている。また、そのときどきの段階においても、ひとりの発見が他のものに引きつがれて、新しい創造を生み、またそれが他に影響して、そこでまた発展される。そういうことが休むことなく行なわれているが、それはやはり、きびしい相互の批判と実践が、職場のなかに常にあってはじめて生まれたものである。

もちろん、私の学校の先生も人間だから、こういうきびしい相互批判や、私からの批判に堪えられない人も出てくる。とくに、私のいうことが、また、職場集団の高まりとか、目標とかが、当人の理解できる範囲をこえているばあいとか、実践的に、また教養的に、集団の前進に追いつけないときとかに、それに反発を感じたり、劣等感を持ったりする人も出てくる。

島小の仕事がはじまった初期のころには、研究授業によって、教育とか、指導法とかを研究するのと併行して、それ以上の力をこめて、教師や子どもの解放とか、遅刻早引を自由にするとか、村の人に頭を下げないとか、教案を書かなくもよいとか、自由な精神を持った、人間である教師になるための仕事とか、村のサークル活動とかいう、振幅の大きな仕事をつづけてきた。

ところが、そういう仕事の積み上げができた一定の時期になると、狭い、授業というなかに限界をおいて、そのなかであらゆるものごとを考えていこうとした。これは、教師として、非常に高度な仕事の世界に職場集団がはいっていったわけである。

授業に限界をおき、そのなかで教師としての高度の仕事をしていくということは、教材研究をよくし、子どもたちの現状をよく把握しながら、教師としての力と感覚を縦横に駆使して、子どもの力を無限に引き出し伸ばしてやるということである。だからそれは、次代の人間の文化の問題にかかわるたたかいである。次代に生きる子どもを、授業によって文化的に変革させていく仕事である。

そのために教師は、教科の学習をし、すぐれた授業方法を考え、子どもの将来の文化、将来の生き方につながるような、大きな振幅を持った授業を、休むことなく深めなければならない。それを、専門家としての教師が、専門家としての仕事をはたすための根本原則としなければならない。

そういう授業をしようとすれば、とうぜん、教材研究も、授業方法も、教師の生き方と関係してくる。芸術家や科学者のばあいと同じように、教師にとって「授業がすべてだ」ということになってくる。自分の私生活の全部を注入しなければ、充実した創造的な授業はできないということになってくる。

そういうむずかしい、きびしい授業の世界へと私たちの職場が集中していったとき、その重みに堪えられなくなった人も出てきた。そういうむずかしい仕事へはいっていくとは思わないで、初期の意識的な「解放」というような振幅のなかで喜んでやっていた人も、授業という限定されたわくのなかで、きびしい激しい専門的な仕事をすることになったとき、それを理解できず、またその仕事をみたし、そのなかで大きな振幅のある作業をすることのできない人が、そういう仕事への不満をのべるようになった。それをその人たちは「狭い仕事だ」とか、「たたかいがない」とかいうことばで表現した。

しかし私たちは、そういう文化的なたたかいを、ひどく高いきびしいものと考えていた。そういう実践をすればするほど、その仕事が、どんなにきびしくむずかしく、また大切なものだかということを身にしみて感じていた。

戦列のなかへはいって、一生けんめいやっている人のなかにも、ときどき問題が出てきた。一生けんめいやるのだが、なかなか思うような授業ができなかった。他の先生たちのすぐれた授業が頭にあるのであせりが出てきた。「おれはだめだ」と頭をかかえてしまうものもあった。その上、私や仲間から、授業の事実で指摘されるのでたまらないことであった。

そんなとき私は先生たちに向かってこんな話をした。

ほんとうの授業を求めていくということは、そんなに簡単にできるものではない。一生かかってやりとげなければならない仕事だ。抜け出る穴がないと思っていても、そういう苦しい連続のみあったとしても、もがきながら、あがきながらがんばっていれば、いつかは必ず、突き破って表へ出ることができる。あせってはいけない。

突き破る道がないと思っていた人たちも、ある時期がくると、何かに開眼されたようによい仕事をはじめるのだった。そういう明るい世界にふつぜんとして出る人が、つぎつぎと出るのだった。これはやはり、それまでの努力の蓄積が、ある時がきたとき、何かを契機にして、開眼し噴出するのだった。

有川進さんがある日、にこにこと明るい顔をして授業を終えて職員室へはいってきた。「きょうはうれしかった。きょうはせいせいした」ということだった。

話を聞いてみるとこういうことだった。五年生を担任した有川さんはそれまで授業がうまくいかなかった。あせって子どもを叱ったりした。それでも子どもが動かないので「自分をばかにしているのだ」と思いこんでいた。

その日の前日、有川さんは考えるところがあって、放課後も夜もできるだけ口をきかないようにしていた。そして、全心身を集中して翌日の教材をよく読み、よく考え、自分のものにしていった。そうすると、どうしても子どもに訴え、説明したくなってきた。その時間になったら、きのうから息をひそめ、集中して心のなかにたくわえていたものが、せきをきった水のように子どもの方に流れていった。子どもたちは生き生きと活動した。有川さんは、そういう授業をやってみて「子どもが自分をばかにしているのではなかった。自分の方が悪かったのだ。子どもが動けないような授業をしていたのだ」、そういうことがわかったのでうれしくてならなかった、というのである。

その翌日、有川さんは、しおれて私のいる火鉢のはたへやってきて、「斎藤さん、きのういい授業をしたと思って喜んだのですが、あの授業は失敗でした」といった。わけを聞くと、「きのうは子どもが生き生きと動き、すばらしい一時間だと思ったのですが、あとでまた教材を調べてみたら、自分の教材研究がまちがっていたのです。やっぱりだめでした」というのだった。

私は有川さんにいった。「少しも失敗ではないでしょう。やはり私は有川さんのいったようによい授業だと思います。教材研究のあやまりなどときにあったたってよいのです。極端にいえば2プラス2を5と教えたって私はかまわないと思います。それはあとで必ず訂正されます。そういうことより、教師と子どもたちが、きのう有川さんのやったように、一時間緊張し、全力をあげて考えていくという授業のできることの方がずっと大事なのです。有川さんは、そういう授業を覚えたのではないですか」私はそんなふうに有川さんにいって励ました。ほんとにそう思っていた。有川さんは、ほっとしたように顔をほころばせた。

先生たちは、こんなふうにして、どの先生もつぎつぎとすばらしい授業者になっていった。授業での大きい振幅へと職場が集中していったことに不満を持っていた人も、こういう戦列のなかへはいっていった。そういうある時期に、職場のなかの何人かが、しかも実践の弱い何人かが、私の批評や批判にひどく神経を使い、私の批評を受けるとき、それをひけめとして感じるような人が出てきたことがあった。私はそんなとき、また先生たちに向かっていった。

私はみなさんに向かって具体的にいろいろいう。批判もする。けれども私は、みなさんの個々に向かって、個々の実践の欠点や長所としていってはいない。私はみなさんと同列のここの職場集団の一員として、この学校での、また教育での、はるか遠く高い目標に向かって目を向け、そこに向かってここの実践を前進させるために、みなさんの個々の実践を使ってものをいっている。みなさんの方を向いてものをいってはいない。私たちの目を向ける、はるか遠く高い目標は、私たちの実践や追求のなかから生まれたものだ。みんなの目標なのだ。そこに向かって職場全体が前進するために、目標とみなさんの実践とを照らし合わせながら考え、そこから批判も出てくるわけだ。だからみなさんも、私といっしょにはるか遠い目標に目を向けてくれなければ困る。

ところがみなさんのなかには、そういうはるか遠く高い目標に目を向けないで、私の顔に目を向けている人がいる。私がみなさんといっしょにならんで、高い山の上の方を見てものをいっているのに、その方は見ないで私の顔を見ている人がいる。そういうことになると、みなさんの立ち向かうものは、ひどく微小なものになるのではないか。私という一個の小さな限界のなかに限られてしまうのではないか。そういうところからは、高い目標が見えず、周囲の現象にしか目が向かないから、自分の個人の欠点をいわれたように思って卑屈になったり、あせったり、仲間の実践に嫉妬したりすることも出てくるのではないか。そうでなく、私をふくめた職場のみんなが、高い山の上をいっしょに見上げ、それと自分たちの実践とを対比させながら学習し合っていくことが必要なのではないか。

私は、そんなことを職員室の黒板に絵をかきながら話していった。「あ、そうだったんだ」、そんな声が幾人かの先生から出てきた。

子どものために、高い目標に向かって努力するものは、自分の実践の進歩に喜びを感じるから、周囲の実践とへんなふうに競争したり、嫉妬したり、あせったりしなくなる。大きな目標に向かって着実にきびしく一歩一歩自分の実践を積み上げ創り出していく。また、そういう自分の実践を築き上げるために、周囲の実践や、先人の築き上げた理論から謙虚に学びとり、自分の実践をふくらませようとする。

私の学校では、仲間のよい実践があると、みんながそれに感動し、それをとり入れ実践して、その人の方法の正しさを実証し、その人に感謝する。みんながお互いに仲間のよいものを学びとり吸収し拡大しようとしている。どんなところからでも、すべてを吸収し、すべてをとり入れながら、絶えず自己を革新し、自己のあらゆる可能性を発展させようとしている。私の学校の先生たちの一つの大きな特徴は、そういう豊かな吸収力と順応性と実践力を持っていることにあると思っている。

私の学校の先生たちは、教師以外の、芸術家とか、学者とか、ジャーナリストとか、実業家とかいう、たくさんの人たちと絶えず接触している。そういう人たちから先生たちは、素直に欲ばりなほどたくさんのものを学びとっている。

劇とか音楽とか、絵の展覧会とかが東京にあると、時間もなく金もないのに、みんなして行っては、帰ってきて研究会をひらき、それを教師の問題とし、また教育の問題として、自分たちの自己変革や仕事へと生かしていった。ボリショイサーカスからも、チェッコのサーカスからも、職場集団の問題を大きくとり入れた。劇団「人形座」や、映画班の人たちの取り組み方を見て、そこから、スタッフ精神を学びとり、自分たちの職場に生かしていった。ゴーガンの絵から学びとったこともあった。

仲間の実践から学び、また他から学ぶとともに、直接仲間の教師から指導を受ける場面も多い。

合唱の指導は志賀幸吉さんがやっている。音楽室へ集まって発声練習をひとりひとりがやったり、いっしょに歌ったりする。できないところは志賀さんに何回も訂正される。子どもたちがそのようすを見ている。演劇は、田中健一さんと有川進さんがやる。年輩の先生も若い先生もふたりの指示によって何回も何回も練習する。舞踊の訓練は泉幸子さんがやる。一つの練習が終わるとひとりひとり泉さんの指示で中央へ出ていって表現する。体操は天野武二さんが指導する。どのばあいも、ひとりが先生になり、他の人たちは生徒になる。私も歌や舞踊でまちがうとやりなおしたり、なおされたりする。できないところは質問して指導してもらう。そういうようすを見ている子どもたちは、「先生だって、ああやってできないところを勉強しているのだ」ということを学びとる。どこからでも勉強しようとしている先生たちの態度を学びとる。

先生たちは、授業で、それぞれの持っている力を十全に発揮しようとするほかに、自分の持っている力を、直接集団のなかへ投入しようとする。職員の合唱や演劇や舞踊のばあいも同じだが、入学式とか運動会とか卒業式とかいう行事のときも、脚本を書く人がいる。作曲する人がいる。装飾に自分の力を発揮する人がいる。舞踊のふりつけをする人がいる。それぞれが、何かに自分の特徴のある力を発揮するから、そういう行事の準備が、短い間にすばやくでき上がっていく。いわば、職場集団のなかに、座付役者がおり、専属の脚本家がおり、作曲家がおり、舞台装置家がいるようなものである。

授業とか、職員の合唱や演劇とか、こういう行事とかのばあいに、私たちは、しみじみと仲間の力とかありがたさとかを感じとる。それぞれの特徴を持った仲間がいっぱいいるということが、どんなにありがたいことかということを感じとり、自分も何らかの形で力を出さなければならないと思うようになる。そのように職場全体のひとりひとりが、十全に自分の力を発揮したとき、相互の信頼とか、感謝とか、影響のし合いとかも、本物となってあらわれ、強い力を持った集団がつくられてくる。そして、そういう努力や学び合いができるということは、やはりその基本に、「どうしても子どもをよくしたい」という、ひとりひとりの、また集団の強い意志があるからである。そういう強い意志があれば、どんなところからも、どんな人からも学びとり、自分の力を十分に発揮したいということになる。

農家でよく見ることであるが、うどの新しい品種ができると、それを持っている農家へ、どんな遠くからでもわけてもらいに行く。新しい籾種が出れば、どんな仲の悪い家へもわけてもらいに行くし、新しい栽培法を発明したものがあればその家へ習いに行く。

教師の世界でも、ほんとうによい仕事をしようとすれば、そういうことは必ずできることになる。どんな人からも学びとり、自分や自分の学校の仕事を高めていこうとする。そういうところから教師相互のひびき合いということも生まれてくる。

5　母親のたたかい

〔母親はどうして教師に協力したか〕

昭和三十二年十二月、私が島小へ赴任してから六年目の、第三回島小公開研究会の第一日のときであった。研究授業を終わり、全校の子どもの庭での発表も終わり、昼食ということになった。何百人もの全国からの参観人は、名残りを惜しむように庭に立っていた。

それを見ながらひとりのお母さんが私のところへ歩いてきて、しみじみとした調子でいった。

「先生、とうとうここまできましたね。ほんとによかったですね。私は見ていて涙がこぼれて仕方がありませんでした。私は、はじめのころ、参観日から帰って、家のとぼぐち（入口）をまたぐとき、いつも胸がどきどきしました。また主人と争いになるのではないかと、はいって行くのがつらかったのです。ほんとに、先生のあのころいったとおり、とうとうここまできましたね」と目がしらを赤くしながらいうのだった。

そのお母さんは、もう五十歳すぎた人で、婦人会長などもやった根岸さんだった。はじめのころから、ずっと他のお母さんの先頭に立って、学校のために働いてくれた人だった。

この根岸さんばかりでなく、子どものために、学校のために活動したお母さんたちは、誰も彼も、夫から、姑から、また近所の人たちから、さらに外部からの批判から、それぞれのつらい苦しみを受けながら、それに堪え、それとたたかいながら、先生たちや子どもたちを励まし、お互い仲間で励ましあい、学校を守ろうとして今日までやってきたのだった。

母親たちが、そういうがんばりのできたということは、学校へ出入りし、みんなといっしょに勉強することが楽しくて仕方がないということもある。批判や妨害があればあるほど、きびしい気持で立ち向かい努力するということもある。だが、やはりいちばん基本になっているのは、学校の教育方法が、子どもの上に、具体的につぎつぎと実現していくという喜びだった。そして自分たちも前進して行くという喜びだった。

はじめからずっと、学校の教育に対してさまざまな批判があったが、毎月授業を見、話し合い、子どもを見つめているうちに、大ぜいの母親は、子どもの事実から学びとり、自分たちの考え方を変えていった。そして、家庭においても、ちがう方法で子どもに対して、効果のあがることも体験した。だから、授業や子どもを見たことのない人たちが、「今度の校長は、いくらいっても聞かない」といって学校の教育方法を批判しても、母親たちは承知しないで、そういう人たちとたたかうのだった。

私は、専門家の教師として、自分たちがよいと思ったことは、どこまでもがんばらなくてはならないのだと思っていた。大工さんは、専門家としての自信を持っている。責任も持っている。だから「ここは、こうにしてほしい」と建築主からいわれても、そのとおりにすれば家がまがってしまうと思えば、絶対承服しない。また承服しないことが大工としての責任を果たすことになる。

私は、私がもし家を建てるとすれば、そういう主張をまげない自信のある大工をたのむのだが、教師としての私も、親たちからあずかった子どもたちを、少しでもよくしていくために、自分たちではっきりとわかっていることは、どこまでも主張し実践しなければならないのだと思っていた。そのために受ける批判は仕方ないのだと思っていた。そういう批判は、実践によって子どもを変え、それによって納得してもらうより仕方がないのだと思った。

だが、自分たちの昔の概念にこりかたまっている人たち、また、自分の目で見て、自分で考えるということをしないで、他人のことばで物をいうことしかできない人たちは、母親たちのことばを聞かなかったし、学校の仕事を認めようとはしなかった。

そういう人たちは、変革されていく子どもの現実に決して目を向けなかった。教室での授業のようすも見なかった。学級の全員が集中して、一時間むずかしい問題にとりくみ、みんなの力でそれをときあかしているきびしい強い姿とか耐久力とかは見なかった。そして「いまの子どもは耐久力がないから、もっと耐久力をつけなくてはいけない。昔の軍隊のように訓練する必要がある。いまの教育は自由すぎる」などといっているのだった。自分たちの子どもたちのなかに、新しいすばらしい、それこそ真の耐久力が出ていることはわからないし、またわかろうとしないのだった。

母親たちは、そういうことを知っていた。母親たちは、そういう新しい子どもの姿を発見し、それに感動するようになっていた。感動の仕方がちがうということは、子どもたちの見方や、どういう子どもにすることが、子どもをほんとうによくするのかという、子どもや教育への考え方のちがいでもあるが、そういう異質の感動を母親は持つようになっていた。

五年のふたりの女の子が、棒寒暖計を学校から持って行って、いろいろの場所の地温をはかった。そしてあやまってそれをかいてしまった。ふたりの親たちはびっくりして「学校の大事なものをかいてしまった。学校へ行って弁償しなくてはならない」といった。ふたりの子どもの家は、どちらも村では裕福な方であった。

ふたりの女の子は、親たちのそういうことばを聞くと「そんなことをすれば笑われるよ」といった。だが、母親たちは、とうとう羽織を着て学校へきた。

ふたりの母親が玄関へはいってくると、待ちかねていた五年生は、ふたりを職員室へ入れないで、自分たちの教室へつれて行った。そしてつぎのようにいった。

「この棒寒暖計は、私たちみんなのものなのです。それをみんなが何ともいわないのに、おばさんたちがおこったり、弁償しようとしたりするのはおかしいのです」

と、五年生全員は、母親たちを説得し抗議するのだった。

ふたりのお母さんは、すっかりびっくりしてしまった。そして職員室へきて、「いまの子どもたちは、ほんとに立派です。私たちの子どものころとは、ぜんぜんちがう立派な考え方をするのですね」というのだった。

またこんなこともあった。子どもの遊び仲間ごとに何十と子ども会ができていたが、子どもたちは、その子ども会ごとにさまざまな遊びをして、小さい子どもを楽しませたり、問題を話し合ったりしていた。

ある家でのことだった。夜、お母さんと、六年の女の子との間につぎのような問答があった。

「お母さん、お母さんは紙芝居をどう思う」

「お母さんは、道でやっている紙芝居屋さんのをときどき見るだけだが、あんまり感心しないね」

「お母さん、私たちが子ども会でつくったのはとてもよいよ、ここでやってみるからね」

「お母さんは、夜は目がよく見えないから」

「いいよ、見えなくても、私が読むから、ここで寝ていて聞いていれば」

こんな問答のあと、六年の久仁子さんは、枕を持ってきてお母さんにやり、自分たちのつくった紙芝居を朗読した。そして、

「どう、お母さん、これをあした子ども会でやるのだからきっと見にきて」というのだった。

翌日、母親が見に行くと、子どもたちは紙芝居を川原でやっていた。そして、それが終わると、大きい子どもは、むしろを片手に持ち、片手に一年生の手を引いて、つぎつぎと堤防を上って帰って行った。そのことを、そのお母さんは、母親の参観日の話し合いのときに、感動をこめてみんなのお母さんに報告するのだった。


子ども会から私のところへ案内状がきた。つぎのようなものだった。

子ども会で新年会をいたしますからお出かけください。
かみしばい、おどり、あそび、歌など、いろいろあります。
時、一月十一日　夜六時三十分
場所、××さんの家

小鳥グループ

この手紙は会議に出ていた私のところへ、子どもたちから届けられた。会議を終わって夕方、職員室へ行ってみると、さらに黒板に大きくつぎのように書いてあった。

校長先生へ
夜六時半ごろから

子ども会をやります
所は四区の自転車屋の
すぐ東の家です
××先生にも
お伝えください
必ず来てください
小鳥グループより

その日私は疲れていたが、この黒板を見て、行かないわけにはいかないと思った。会場へ行ってみると、他の先生もきていた。司会は、一、二年生がやっていた。上級生はその後ろにいて何かと世話をやいていた。上級生が下級生を表面に立ててやっているのだった。一、二年生の司会が上級生を指名すると、上級生は「ハイ」といって出て行って歌ったり話をしたりしていた。

会が終わり、子どもたちが帰ってから母親と先生とで話し合いをした。そのとき母親たちは、「はじまる前の子どもたちを見ていると、大騒ぎをして遊んでいるのです。これで会ができるだろうかと、ちょっと心配したのですが、はじまると、さっと集まったのにはびっくりしてしまいました。そして、こんな楽しいよい新年会をやったのです」というのだった。

ここでもお母さんたちは、子どものほんとうのよいところを発見していた。遊ぶときには思いきり遊ぶが、物事をやるときには、さっと集まり、集中してやる子どもたちの姿を見ていた。そして、緊張と脱力とがなければ運動もできないし、ふだんの生活もできない。まして子どもは、脱力を思いきりさせなければ、学習も生活も、ほんとうに緊張し集中する場面は出ないということを認識するのだった。そして、緊張だけを要求し、脱力の場面を、ふとどきだとする親たちとちがった考え方、見方をするようになるのだった。

この親たちも、教師と同じように、事実でのきびしい学び合いをそれまでずっとしてきた。授業を見て、それによって意見を出し合い、それによって、授業とか教育とか子どもとかを学ぶこともそうだし、教室の美化に先生といっしょに努力し、その結果を考え合うこともそうだし、叱らないで子どもを育てることに努力し、ようやくに自分をそういう母親にすることができたのもそうだし、「自分の子だけがよくなれば」と思っていた親たちが、学級や学校の全体の子どもがよくならなければ、自分の子どももよくならないのだということを、事実で、身にしみて感じ、そのわけをはっきりと認識するようになったのもそうだった。

あるときこんなことがあった。四年の女の子が、家庭で鏡を持ち出し、その前で大きな口をあけて、一生けんめい発声練習をしていた。そのかっこうがおもしろいので、母親が思わず笑い出した。すると女の子は、おこってすぐそれをやめてしまった。

そのことが、その子ども会の母親の集まりで話題になった。そして「子どもが一生けんめい勉強しているのを笑ったのはまずかった。子どもに悪いことだった。これからはみんなして約束して、母親も鏡の前で発声練習をしよう」ということになり、みんなが家庭で鏡を持ち出し、大きく口をあけて発声練習をした。笑われた四年の女の子も満足した。

またこんなこともあった。卒業式のあとの謝恩会のときのことだった。卒業生と全部の母親が集まり、卒業を祝う会をひらいていた。そのとき、本校の代表の母親が立って先生に謝辞をのべ、「とくに田中先生には、何年も受持っていただき、こんなよい子にしていただいて、ほんとうに感謝にたえません」といった。つづいて分校の代表からも、「泉先生には……」とそれぞれ、六年担任の先生への賛辞と謝辞がのべられた。

ふたりの話が終わると、私は、しばらくためらっていたが、勇気を出して立ち上がった。そして「いまのふたりの話はおかしいのではないですか。もし子どもがよいとしたら、私にも少しは手柄があります。他の先生にも、またここにいるお母さんたち全体にもあります。田中さんや泉さんだけにあるのではないのです。もしほめるなら、私も、先生たちも、お母さんたち全体もほめられるのです。いまのような個人的なことは、この会が終わってからでも、ないしょでふたりにいってください」といった。私はできるだけ笑わせるようにいったのだが、それでも、こういう会で、こんなことをいうのはたいへんなことだった。

会が終わってから分校代表の若い松田友子さんは、「まちがっちゃった」と、非常にさびしそうな顔をしてお母さんたちにいった。それを他のお母さんたちがさまざまになぐさめたり説明したりしていた。「校長先生は、友ちゃんのことをいったのではないよ。子どもをよくすることは、ひとりの先生や、ひとりの母親だけでやるのではない、全体の先生、全体の母親でやるのだということを、全体の母親に注意したのだよ」と、六十歳近い、雪子ちゃんのお母さんが、一生けんめいに説明していた。

松田さんも、あんなところで、あんなことをいわれれば傷つくにちがいない。だが、人を傷つけるということは、それ以上に自分が傷つくことを覚悟しなければできないことである。欠点だらけの自分が、傷つけられた人間以上に傷つき苦しむということを覚悟しない限りできるものではない。そういうことを、私はいつも身にしみて感じていた。お母さんたちも、そういうことを知ってきていた。だから、傷つきながらも受け取めてくれるし、また、先生たちや仲間へもきびしい批判や注文を出し、苦しみ悲しみ、傷つきながらお互いに前進しようとしていた。

この母親たちは、全体にひどく楽天的でユーモアにみちている。会合などあると、つぎつぎと冗談がとび出して、わあわあと笑い合っている。そういうこともみな、目的を持ってきびしく批判し合う仲間がいること、またその目的がつぎつぎと達成していくことによるのだろう。私は、そんな母親の前進をたのもしいものだと思うのだ。

未来をつくる教師

1　よい教師の条件

〔よい教師になれる人はどんな人か――三つの条件〕

教科研の研究会が学習院大学でひらかれたときだった。昼休み、勝田守一さんと池のはたを歩いているとき、「現場で先生たちを見ていて、どういう教師がよい教師だと思いますか」と聞かれたことがあった。私はそのとき、つぎのように答えたと記憶している。

1、頭のよい先生
2、育ちのよい先生
3、美人の先生

私は、少しぐらい意地が悪くても、まちがったことをやっても、知識や技術が不足していても、頭のよい先生を第一番の条件としたい。

頭の悪い人は理解力がのろく、因業であることが多い。堆肥のはいっていないこちこちした土が、手鍬をはねかえしてしまうように、自分の頭の範囲だけに頑固にとじこもって、他からはいってくるものをはねかえしてしまうことが多い。昔の軍隊で、覚えの悪い兵隊のことを「鉄筋コンクリートみたいに頭がかたいから、保革油をつけて頭をやわらかくしてこい」といったというが、そういう、こちこちの頭を持った先生ほど始末の悪いものはない。そういう先生は、学習ものろくて仲間といっしょに進めないし、頭が悪いということによって、敏感に子どもにもきらわれる。

そして、そういう頭の悪さというものは、その人の力にもよるのだが、勉強していないということ、本を読んでいないということ、実践での自覚と謙虚さを持っていないということに原因があることが多い。

私の学校のすぐれた先生たちを見ていると、育ちのよい先生が多い。育ちがよいということは、別に金持の子だとか、名門の子だとかいうのではない。両親に大事に育てられてきた人たちである。私の学校の先生は、ひとりっ子とか、末っ子とか、長女とかが多いが、みな両親に暖かくのびのびと育てられた人たちのようである。この人たちは、みな素直な暖かい心を持っている。不幸な環境に育てられたり、意地悪をされながら育てられた人たちのような、まともに物を見ない心とか、ひねくれた心とか、意地悪な心とかを持っていない。このことは、教師として、どんなによいことだかわからない。私は、素直ということは、自分を失うことではないと思っている。謙虚ということも、へりくだり卑屈になることではなく、物をよく見ることから起こるのだと思っているが、育ちのよい人たちは、みなそういうものを持っている。

頭がよく、育ちがよく、すぐれた実践をする教師は、みな美人になるものだ。また、頭とか、育ちとか、顔とかは、勉強し、実践していくうちに、幾らでも自分で変えていくことのできるものである。私は、そういう意味で、頭がよく、育ちがよく、美人である先生を、よい先生としたわけである。また、そうなってもらいたいと思うわけである。

〔三つの条件にさらに加えて〕

教師は、そういうものを持ちながら、その上に、高い広い知識と、教師としての高い技術を持つことが必要になる。さらに、へりくつでない論理性と、芸術性とをかねそなえた教師になることが必要になる。

高い広い知識と技術とは、教師が専門家としての自覚を持ち、知識も技術も、絶えず学びとり、つかみとり、創り出すという、学習意欲、創造意欲を旺盛に持って、日々一歩一歩と着実に自分の上に、また仲間の上に築き上げていくことによってできる。

論理性とか、芸術性とか、芸術的な感性とかいうものも、やはり同じである。教師が基本的な学習をすることによって、また、ふだん実践の上で、論理的な思考力を身につけることによって、論理的にものを考えたり、いったりすることのできる人間に自分をしていくことができる。何らかの形で教師自身が芸術創作をやること、また、すぐれた芸術作品に数多く触れて、そのなかに自分を発見し、人間を発見し、心から感動したり、自分の世界を変革していったりすること、さらに、そういう態度で子どもに接し、教材に接し、自分の授業を個性的に生き生きと創造していくことによって、芸術性とか、芸術的な感性とかはみがき上げられていく。

私は、自分の内部に、何らかの必然性をふまえて仕事をしない教師はだめだと思うし、日本の教育界は、どうも自分のものを持っている人間が少ないのではないかと思うのだが、それはやはり、教師が自分のものを持ち、自分の心のなかにある、必然的な要求をふまえて仕事をしないからだ。一般的に教師は、そういうものがない根無し草であるくせに、恐ろしく思い上がっており、かつ人間としても中途半ぱだ。だから創造的な自分の仕事ができないし、思い上がりの裏側が、臆病で卑屈ということになる。

自分を持ち、自分の実践を持っている教師、知識と技術、論理と感性とをみがきながら追求し創造していく教師は、そういう思い上がった考えや態度を持たない。自分の内部にあふれたものを持ち、それをきびしく表現し実現していくために自己ときびしくたたかうから、仕事が個性的になり創造的になる。そして、そういう仕事のなかからまた、自分の知識や技術や論理や感性を獲得し、実践に根を張った一個の人間としての自分を創り出し、自分を、また自分の実践をまげないような人間になっていく。

子どもを育てる教師は、いつでも明るい気持と健康な暖かい笑いの出せる人間でないといけないのだが、教師の世界ぐらいじめじめした世界はないいし、教師ほど高らかな笑いの出せない人間もない。服装なども、子どもに接する教師は、できるだけ明るいものにすることが大事なのだが、それもまた一般的に地味で固すぎる。

ある郡の研究会へ行ったときだが、そこに集まった校長先生たちは、ほとんど笑いというものを出さなかった。講師がおもしろいことをいって笑わせても、他の人が笑ってから、ほおのあたりをかすかに動かして笑うだけだった。それは、「みんなが笑っているのに笑わなくては悪い」と思って、義理で笑っているように見えた。またそうだったのかも知れない。その人たちは、何十年と教育界にいて、笑いを忘れ、ほおの筋肉が動かなくなってしまったにちがいない。いままでの教育界はそういうところだった。大きな声を出して笑ったり、感情を出したり、おこったりすることはできない世界だった。能面のように無表情に過ごしていることだけが安全な世界だった。

町村合併で私の学校へ転校してきた子どものお母さんたちがいったことだった。私が母親たちと顔を寄せて大きな声で笑ったり話したりしているので、そのお母さんたちはびっくりしてしまった。そして「私たちは校長先生とこんなに近くで話し合いをしたことはありません。前の学校では、校長先生の笑い顔を一度も見たことがありません」といっていた。

校長というものは、もっともらしい顔をして、「本日は、このようにたくさんの方々がお集まりくださいまして、まことに……」というように、そのあとのことばを子どもでも先まわりしていうような決まりきったことを、もっともらしく、長たらしくいっている。親たちに向かっても、子どもたちに向かっても同じである。そういう無表情さを、立派と思う世界もまだあるかも知れないが、これからの教師はそれではいけない。もっと生きた人間になり、喜びも悲しみも率直に表現するようにならなくてはいけない。ことばも、単純に、感情をこめていわないといけない。そうでないと学級担任のばあいでも、子どもにきらわれてしまう。

私の方の先生たちは、よく大きな声を出して笑う。大きな声を出してよく笑う先生は、みんなよい実践家だ。教室で授業中、しかも公開研究授業のとき、若い女の先生が、あんまりあけっぱなしに大きな笑い声を出したというので、はじめての参観者がびっくりしてしまったことがあるが、私は、そういう先生をよい先生だと思っている。

服装も私の学校の先生たちは全体に派手にしている。よその人が見ると、先生ではないような服装をしているが、これはみなお互いに意識的に努力していることだ。色彩を明るくするということ、教師らしい固い服装をしないということは、自分たちが楽しいばかりでなく、子どもたちを暖かくやわらかくし、子どもたちに平和な気持をうえつける上でも大切なことだと思っているからだ。

教師としての条件として大切なことに、すばらしいものを発見し、すばらしいものに心から感動できる人間になるということがある。ところが、笑えない教師にはこのこともできない。笑えないということは、心から感動したり、共感したり、発見したり、悲しんだり、怒ったりすることができないということだからである。

作家や画家や音楽家は、まだ人の発見していない美や真実を発見する。発見するということは、やはり感動するからできることである。私たちも、人のいわない土地や草木の美しさを見つけたりすることがある。春の木の芽がひらくのを、花よりも美しいと感じたり、自分の住んでる土地から見える山のつぎつぎの変化を発見し、それに感動したりすることがある。みんながそうすることによって、オスカー・ワイルドのいう「自然が芸術を模倣する」ということになり、私たちの世界がひろがり豊富になってくる。教師が子どもを見るばあいも同じだ。子どものよさとか美しさとかを、教師が発見し感動してやることによって、子どもは自分の世界を広げられ伸ばされてゆく。教育においては、そういう力を教師が持っているかいないかが重要なかぎになる。

授業をしているときに、はっと「へんだなあ」と思うことがある。子どもが「にこっ」としたときがある。そんなとき、その底にあるものをとっさに読みとり、つきとめ、適切に対応していく力は、やはり教師の発見したり感動したりする能力にある。

ところが教師は、なまなよいものに感動することはほとんどできない。音楽会や絵や展覧会などへ行っても、さっぱりおもしろくもないし、感動もしないくせに、「きょうのバイオリンはすばらしかった」とか「セザンヌはすごい」とか「ピカソがすばらしかった」とかいっている。西洋美術館でロダンの作品を見ても、感動はしないで知識として見てきて、それを感動と同じ意味に使ってものをいっている。そしてあのなかにある、ゴーガンのものとか、ロダンのデッサンなどは頭にも入れずに帰ってきてしまう。

そういうふうに、芸術がいかにもわかったような顔をしている教師が、ときには「私は絵がわからない」とか「音楽はわからない」ということをいう。自分がいかにも他に専門があるような顔つきをするが、これは、その人の不遜さを示している以外の何ものでもない。へんな意味の知識を持っている人間の、そしてほんとうのものは何もわからない人間のよく出すことばである。

音楽とか絵とかは、人間と切り離してあるものではない。教育においても、音楽とか絵とかは、他の教育全体、学力とか人間とか、人間と人間の関係とか、感性とか、思考力とかいう教育全体のねらうものと切り離されてあるものではない。音楽とか絵とかは、教育全体のなかで、子どもの創造性を全体的に養うなかから生まれてくる。また、そういうねらいで音楽とか絵とかの教育をやったとき、音楽とか絵とかの教育によって、子どもの創造性とか学力とか情感とかも、養われてくることになる。そうでない音楽教育、絵の教育などは、それは芸術教育といわれるものではない。

そう考えれば、音楽とか絵とかがわからないという教師は、人間がわからないということになり、教育がわからないということになる。真実とか美とかほんとうの人間とかがわからないということになる。そんな教師は、人間としても不幸だし、教師としても最も悪い教師になってしまう。そういう教師は自分が不幸であるばかりでなく、他人を、また自分の指導している子どもを不幸にしてしまう。そういう、自然や人間の持っている美しさよさを見出したり感動したりすることのできない教師は、人生を楽しんでいないで、いつも不機嫌な顔をしているからである。

教師は、もっと、自然や人間に感動し、すべてのよいものを発見し、創り出し、もっと人生を楽しみ、生きる喜びに満たされて暮らす人間になる必要がある。へんな教師らしい教師、笑うことも知らない教師になどならないで、もっと愉快な表情で暮らす、生きた人間になることが必要である。

そういう人間だったら、やたらに子どもを叱るようなことはしない。子どもの一つ一つに、子どもの発見の一つ一つに、驚き感動しながら指導していく教師になる。運動会のころになると、がんがんと、何キロも遠くまでひびくような、しかも俗悪なひどい曲をかけて、子どもを荒々しくしておきながら、「子どもが荒れている」などという鈍感な教師ではなくなる。

2　教師の通弊——参観者を見て

〔偏狭さと独善〕

私の学校へは、毎月何組かの教師や学者や芸術家や父母が参観にくるが、そのなかでいつでも骨を折られたり腹を立てさせられたりするのは教師だ。もちろん教師のなかにも熱心な人たちも多い。すぐれた頭のさがるような先生の方が多い。遠くから、金をかけ、時間をかけて、わざわざきてくれる人たちに、ほんとうに「仲間だ」という実感を持ち、励まされたりありがたいと思ったりすることが多い。だが、そうでない人もいる。

母親や芸術家の参観は私たちにはいちばんありがたい。それは、母親とか芸術家とかは、私たちがくだくだと説明しなくても、授業や子どもを見て、直截にその本質を見ぬき感動したり批評したりしてくれるからである。だめな教師は、そういうことをしない。いつでも自分の主観で見たり、ものをいったり、せんさくしたり、「××的だ」などと、自分の持っている既成の概念にあてはめたり、「こうなった方法を教えてください」などといったりする。実践から出た「自分」を持たないから、事物や人間の底にある本物が見えなかったり、見ようとしなかったり、ただ形式や方法を教わって帰ろうとしたりする。そういう教師が私はたまらなくいやだ。そして、そういう教師に限ってひどく怠け者でもある。

いつか、どこかの青年部の教師が五十人ばかり貸切バスで参観にきたことがある。私たちはいつも、参観のときには、日を打ち合わせ、その日には、各学級が分担して、私たちの学校にある授業形式をいろいろ見てもらえるようにしたり、子どもの合唱や舞踊や演劇や体操なども見てもらえるようにして待っている。私も前夜、学校に泊りこんだりして、授業を見てもらう前にだいたいの説明をし、また説明しながら授業や子どもの音楽や体操なども見てもらう。午後は、本校分校の全職員が集まって、参観者と話し合いをしたり、職員の合唱や演劇なども見てもらったりするのがふつうである。これは、はじめての参観者は、いちばん悪い授業をよいと思ったり、誤解して帰ったりすることがあるので、私たちとしては、全力をあげて、よくわかって帰ってもらいたいからだが、その日も、そういう予定で待っていた。

ところが、その青年部の人たちは、こちらで組んで通知しておいた時間よりもずっと遅れてきた。その上、授業参観になっても、廊下に立っていたり、控室で煙草を吸っている人がいたり、庭のあちこちを見ている人がいたりして、きわめてふまじめな見方だった。私は案内しながらむかむかしてきて、ときどき大きな声を出して注意したりした。校庭に待たせてある貸切バスのなかに残っている人もいた。私は教室の窓から「あなたは授業を見にきたのではないのですか」と大きな声を出した。あとで知ったのであるが、貸切バスのなかには、ビールやジュースがいっぱい積んであり、それを飲んでいたらしかった。

全校の子どもを庭へ出し、全校合唱だの、行進だの、体操などをした。そのときもまた、それを見ないで、ぶらぶらしたり、控室の二階の窓からおしゃべりしながら見おろしているものなどがいた。「子どもの合唱は、前から、子どもの顔を見ながら聞いてください」といっているのに、わざわざ後ろの方に行っている人もいた。私は「早く前へ出てください」といった。それでも出てこない。全校合唱がはじめられないので、「みなさんのためにはじめられません。早くしてください」といい、子どもたちに向かって「みなさんのなかには、ああいう先生みたいな人はひとりもいませんね。先生の方が皆さんよりずっとだめです」といった。参観者は苦笑したが、子どもたちはじっと前を見て合唱のはじまるのを待っていた。後ろにいた先生たちは、その前を、頭をかきかき走って出てきた。

私はこの参観者たちにひどく尊大で不遜だった。先生たちや子どもたちが一生けんめいやっているのに、自分たちが長い時間かけて積み上げてきた実践や子どもを見せているのに、それを見ようとしないで、わざわざ校舎の裏の方へまわって、掃除のしぶりがどうだか、などとせんさくしたり、子どもをかまったりしている青年教師たちに腹がたってならなかった。

午後の先生たちの話し合いのときだった。ひとりの男の先生が質問した。「子どもたちは体操の仕度をして跳箱をとんでいるのに、先生は上衣をぬいだだけで、普通のズボンで出ていた。あれでよいのか」ということだった。

私はそれに答えた。「私は校長です。校長である私が、志賀さんが体操ズボンにならなかったということに気づきもしなかったのに、あなたのような若い青年部の先生が気にするということは逆ではないですか。私は志賀さんが体操の仕度をしないで出ていたのを知ったとしても何とも思いません。それは、そのことをここの子どもは何とも思わないからです。それは、ふだん先生から指導を十分されているからです。きょうの跳箱はその結果を見せたのだから、子どもが主体です。子どもを見ればよいのです。ましてきょうは、授業をみなさんに見てもらったあと、すぐ出て、五分だけ跳箱を見てもらったのではないですか。このばあい、先生が体操の仕度などをする必要はないのです。あなたのところでは、先生が体操ズボンをはかなければ、子どもが文句をいうのでしょう。どうですか」といった。

その先生のところでは、子どもが文句をいうということだった。その先生のいうのには、跳箱もここの子どもの方がずっとうまいということだった。そうだとすれば、「なぜ跳箱がうまいのか」「なぜ体操ズボンを先生がはかなくても子どもが文句をいわないのか」そういうことをこそ考えなければならないのだ。そのちがいのもとを質問しなければならないのだ。私は、そのことをいったのだが、その先生は、そういうことがわからなかった。そして、「普通のズボンでいることはいけない」の一点ばりだった。

だからこの先生は、跳箱の終わったあと、六年の男の子に、「君たちは先生が君たちにだけ体操の仕度をさせて、自分ではしないのをおこらないのか」と、からかうようにいったのだった。そのことを六年生は「おかしなことをいうね」と、不思議がって志賀さんに話したのだった。

この日には、またこういう意見も出た。「跳箱をしたとき、ひとりの子どもがとんだら、マットをほうきか何かで掃くようにすべきだ」というのだった。私は「あなたは体操の先生でしょう」と聞いた。「そうでない」といったがやはりそうだった。「マットをきれいに掃かなければ不衛生だ。体育では衛生ということを考えなくてはいけない」「もし皮膚病でも持っている子がいたらどうする」と強い調子でその先生はいった。

先生たちはよくこういう意見を出す。しかし、会合などでそういう意見をひらきなおってもっともらしく出す先生が、自分の学校でそんな仕事など決してしてはいない。またできるものでもない。そのくせ、こういう集まりではそれを出す。私はそのことをいった。そして「きょう見た子どもたちは、もっと積極的に健康に見えなかったかどうか、どの子もが健康な生き生きしたとび方をしていなかったかどうか」と聞いた。すると、そのことは認めていた。そのくせ、やはり、「マットを掃け」ということにはこだわっているのだった。私は、こういう教師を、いやというほどたくさん見るのだが、それは実践家でないからだといつも思うのだった。

この人たちは、その日、四時まで話し合いをしてもらうわけだったのに、そそくさとして二時半ごろ帰っていった。ビール会社の参観に行くのだとのことだった。私たちは、ぽかんとして残されてしまった。ビール会社へ行くと、ひとり一本ずつのビールがごちそうに出るので、その方がきょうの主目的らしかった。温泉が目的だったり、他の観光が目的だったりして、私たちの方はそのだしに使われることがよくあった。そういうときいつも私は腹をたてていた。

いつだったか私が宿直室で仕事をしていると、つぎつぎと先生たちがきて「斎藤さん、きょうは参観があるのか、へんな人がきて授業を見ているのだが」ということだった。私はぜんぜん知らないので急いで行ってみると、すでに一年二年三年と見て、四年の教室へはいっているところだった。ひとりの青年教師だった。私は「だれにことわって授業を見たか、すぐ出てもらいたい」といって職員室へひっぱってきた。見ると県内のN君だった。職員室へきたが誰もいなかったので一年から見てまわったということだった。

私はN君にいった。「問い合わせもしないで突然、しかも無断で見るなどということがあるか、他人の家でもそういうことは失礼ではないか。早く帰ってもらいたい」といった。N君はそういわれても、「もうだいたい見たからよい」とすましていたので私はひどくしゃくにさわった。

N君は組合の観念闘士だった。N君は、自分の学校の校長が突然授業を見ても抗議するのだった。まして他校の人間が突然見たら承知する人間ではなかった。そのくせ、自分では問い合わせもせず、許可も得ないのに他の学校をすまして見ているのだった。

こういう人間もよくやってくる。こちらの都合は考えないで、自分だけの都合で勝手にやってきて、こちらは見せる義務があり、自分は見る権利があるような顔をしている人がよくある。なかには日曜に突然きて、近くの先生を呼んでもらおうとしたり、「こんどの日曜に行きますから、先生たちに集まってもらってください」などと申し込んでくるものもある。私は、そういう教師を、どういう人間なのだろうといつも思う。

私の学校では、そういう人たちをいつも拒否している。おこって帰る人たちもあるが、仕方のないことだと思っている。ただ、何回もきてくれ、私たちの学校のことをよく知ってくれている人たちもたくさんいる。そういう人たちは、すでに参観者ではない。第三者的に傍観的・批判的に見るのでなく、自分もこの職員になり、ここの子どもたちの相手として、いっしょに授業をやったり体操をしたりする気持で見ている。だからその人たちは、子どもたちといっしょに遊んだり、授業のとき、いっしょに発言したり、プリントを手伝ったりしている。だから私たちも安心だし、その人も、ほんとうのものを見ていくことになる。

そういう人たちは、問い合わせがなくてもいつはいってきてもかまわない。職員室へも平気ではいっている。先生のいない教室で授業に参加したりしている。そういう人が私の学校にはたくさんいるのだが、はじめての参観者も、そういう教師になっていれば、私も、むずかしいことはいわない。私は、日本の教師が、みんなそういう人間になってくれればよいなあと思っている。どこへ行っても傍観者でなく、自分をまる出しにし、そこの子どもや先生とぶっつかり合って、追求していくような先生になってくれればよいなあと思う。

〔具体的なものをつかめないということ〕

教師の参観の特徴は、そこに具体的に生きて活動している子どもを見ないということだ。授業参観のときも、ひたすら教師の顔や黒板ばかりみている。そのほかは、子どものノートをいじってみたり、教室のめぐりにある掲示物を見たり、ガラス戸の桟にごみがあるかないかを見たり、子どもの人数が何人いるか数えてみたりしている。そしてよくノートをとっている。

私は、そういう参観者を見ると気になってならない。どうして子ども全体の顔を見ないのであろうか。子どもと子どもとが交流し合っている姿、そのなかで生き生きと、表情を変化させながら理解していっている子どもの顔を見ないのであろうか。教師の生きた発問や投げかけがどう子どもに反応していっているか、またむだな発問によって子どもがどんなふうになるか、そういう子どもと子ども、教師と教師との間にひびき合っている姿を全体的にとらえ、それに感動したり反応したり疑問を持ったりしないのであろうか。

授業は、教師や黒板ばかりを見ていては絶対にわかるものではない。私はよく、はじめての参観者には、「教室の前からはいって、子どもの顔の変化をよく見ながら授業を見てください」というのだが、そうしないと、ほんとうの授業の姿はわからない。授業がどう生き、どう死んでいるかはわからない。

子どもの合唱を聞くばあいも同じである。「子どもの顔を見て合唱を聞いてください」と私はいうのだが、合唱している子どもたちがどんな顔をして歌うか、どんな姿をして歌うか、曲が進むにつれてどんなふうに全体の子どもやひとりひとりの子どもの表情が変化するか、そういうものを見ながら聞き、そこからその子どもたちや、その教育を知るようにしないと、ほんとうのことはわからない。

ところがここでも先生たちはせっせとノートをとっている。のぞいてみると合唱の曲目とか学年とかがそこには書かれている。授業も「何年がどういう教科をやった」というように書き、合唱の曲目や学年も書いている。学校へ帰ってからの報告の材料にするにちがいない。

私は、そういう人たちに向かってよくいう。「ノートをとるのはやめてください。ノートにとらなければ忘れてしまうようなものはねうちがないのだから忘れてしまってよいのです」というのだが、ノートなどとらないで、授業とか、合唱とか、舞踊とかの全体を、またそのなかのひとりひとりの子どもの顔を、自分の頭のなかに焼きつけるようにする必要があると思う。ノートなどとっているとそういうことができない。ほんとうの子どもの姿や、そこから出ている感動的なものを自分のものにすることができない。ノートなどしまって、自分を無心にし、そこにあるものから、おのずから出てくるものをつかみとり、くみとろうとする態度を持つことが必要になる。

同じことからカメラとか8ミリ撮影機とかテープレコーダーとかを持ちこまれることも私はすきではない。このことは、そういうものをとって持ち帰られるのがいやだということでもないし、そういうものを持ちこまれると、子どもが気をとられて、学習がうまく進まないということでもない。私の方の子どもは、授業中、まわりで幾ら話をされても、私が参観者に説明しても、横から口出しをしても少しも差し支えない。授業のときでも卒業式のときでもいくら写真機のシャッターをきっても、撮影機がまわってもそれを意識しないから、少しも迷惑にはならない。事実よく、目的を持ったものが、写真をとったり映画をとったり、テープをとったりしている。私が参観者にそういうことをしないようにいうのは、ノートをとるのと同じ意味においてである。

写真をとっていたらその部分きり見えないのではないか。映画でも同じだし、テープレコーダーでもその方に気をとられてしまって全体を見ることができない。わざわざ遠くからきて、現物がいま動いているのだから、それをじっと見、それを頭にたたきこんでおく方がよいわけである。そういうことのできる教師に自分を訓練する必要がある。そうでないと、せっかくきたのにもったいないことになる。

ある画家であり、美術教育研究者である某氏がこういうことをいったということである。それは、このごろ、ピカソとかマチスとかルオーとかゴッホとかの原画がたくさん日本で見られるが、その人は、それまでたくさんの複製を見ていたので、原画にさっぱり感動しない、複製の方がよく見える、というのである。私は驚くべきことばだと思った。私など原画を見たら複製とあまりにもちがうのでびっくりしてしまった。原画でなければ感動できないのだとしみじみと思った。

授業も合唱も舞踊も演劇も、入学式とか卒業式とかの行事もやはり同じである。原画をよく見ないで、テープにとったり、ノートにとったり、写真にとったり、映画にとったりしていることは、原画があるのに、それを見ないで、複製集めに骨を折っているようなものである。教師のなかには、そういう趣味的な、またへんな道徳的な人が非常に多い。すでに芸術家ではない某氏のように、原画のわからない人が非常に多い。母親や芸術家はそんなことをしない。複製からだけしか感動できないような人間にはなっていない。

方法だけを学びにくる先生もたくさんいる。その人たちは、自分でほんとうの骨を折らないで、島小へ行けば何か勉強になるだろうという考えから、すぐ役だつ方法を教わって帰ろうとするのである。しかしこれは無理な話だ。

その人たちは、「こういう職場にどうしてなったのか、その過程を話してくれ」とか「授業の方法を細かく教えてくれ」とかいう。そしてそのくせ『学校づくりの記』や『未来につながる学力』などは少しも読んできてない。たとえ読んできたとしても、そこから得るものは、一つの原則とか一つの方法だけだ。しかも、私の学校で、そのときの現実に従って、それに対処してつくり出した一つの原則や方法に過ぎない。それが全部そのまま、どの場所にも、どのときにも通用するはずがない。

たしかに、私の学校を見たために、自分の実践に効果をあげたという報告もたくさんある。それはたとえば、授業の面ではこういうことである。

その人はいままで、算数にしても国語にしても理科にしても、既成の結論を形式だけそのまま子どもに教えこんでいた。「二位数の割算はこうするのだ」と、計算のやり方だけを教えていた。ところが私の方ではそういう形式を教えるばあいでも、子どもにさまざまのやり方を出させ、それをみんなに考えさせ、そのなかにあるまちがいとか正しさとか、法則とかを子どもに発見させ考えさせていた。そういうやり方を見て帰り、やってみた先生が、「いままで形式だけを教えていたときより子どもがずっとよくわかったのでびっくりした」とか、「いままでのやり方だと子どもがよくわかったと思ったのにテストをしてみるとできていなかった。島小のやり方だとそうでなくたしかに覚える」とか、「いままでのやり方の授業だと、自分のいったことも、子どもの発言もよく覚えられなかったが、島小のようにやると、自分のいったことも、子どもたちがいったことも、はっきりと覚えているので驚いた」という報告をしているが、そういうばあいも確かにある。しかしそれは、やはりその先生が、事実から自分で本質を見て学び、自分の実践のなかへとり入れたからであり、ただ空手でやってきて、ことばで聞いて持って帰り、そのままま ねたようなものではない。

ものぐさな先生、実践のない先生ほど、技術面の処方箋みたいなものをほしがるが、それを持って帰ってやってみたところで効果はあがりはしない。技術とか方法とかは、実践家だったら人に聞くべきではなく、自分で苦しんで編み出すべきだ。人のものを見たり、自分でさまざまにやってみて、そのなかから、自分で自分一流のものを獲得すべきものだ。人のものを形だけとるということをすべきではない。他人のものを見たり聞いたり読んだりするということは、その底にある本質をつかむためにするのであって、それさえわかれば、あとは、自分の個性に従って、苦しんで編み出せるものである。

3　教師は専門家である

〔なぜ代用品がきくのか〕

教師の世界ぐらい代用品のきく世界はないのではないだろうか。高校を卒業したばかりの女の子がはいってきてもすぐ教えられるし、母親であった人が、教師になっても、結構教えられる。会社や銀行につとめていた人が、はいってきても教えることができる。そしてそれは、それまで教師をしていた人の学級とくらべても格段の差がありはしない。子どものようすも同じだし、学力も大差はない。それが、いままでの一般の教師の世界であったように思えてならない。

他の世界ではそういうことがあるであろうか。医者とか、大工とか、電車やバスの運転手とか、そういうところへ素人が飛びこんで行ってすぐかわりができるであろうか。

校長も同じだ。誰が遅刻するか欠勤するかをしらべたり、職員の書く教案簿にめくらばんを押したり、ガラスのかけているのをしらべたり、廊下に落ちているごみを拾って歩いたり、会議で忠実にメモしてきたことをそのまま職員に伝達したり、会礼で「一生けんめい勉強するように」とか「廊下を走らないように」などと、きまりきったことを話しているだけだったら、何十年もの教師としての経験とか技術とか理論とかは必要ないから、誰がかわったところで困りはしない。誰にでもできるふつうの仕事になってしまう。

教育という仕事はそういう仕事なのだろうか。私はそうではないと思う。誰にでもかわれるということと、誰がかわっても大差はないということは、これまでの教師や校長が、専門家らしい力を持ち、専門家らしい仕事をしていなかったということになる。専門家らしい力を持ち、専門家らしい仕事をしていれば、新しい人がはいってきたとき、恐ろしいほどはっきりと差がつくはずである。

私の学校の先生たちは、そういう専門家としての仕事をしているし、また専門家としての仕事をしようとしている。だから他からはいってきても決して同じような仕事をすることはできない。いっしょにいる仲間の間でも、はっきりと力の差がついている。お互いだけが見ても、また父母や子どもが見ても、その力の差ははっきりわかるようなものになっている。私もまた校長としてそういう仕事をしているつもりだ。素人がきたのではつとまらないような仕事をしているつもりだ。

〔叱らないでよくなる授業〕

そういう意味で私は、四年を受け持っていた泉幸子さんのつぎのような授業にひどく感動した。

それは公開研究会の翌日だった。特別に居残った人たちに研究授業を見せ、あとで批評会をすることになった。泉さんの組は特殊の事情のある学級だったので、そういう学級をどのように泉さんが指導するか、私はそれをみんなに見てもらいたいと思ったので、泉さんに研究授業をしてもらった。

研究授業のはじまる前に、泉さんの教室は、何十人もの参観者でいっぱいになっていた。みんな授業のはじまるのをいまかいまかと待っていた。ところが庭で遊んでいた子どもたちは、ベルが鳴っても教室へはいってこなかった。子どもたちは窓にいっぱいぶらさがって、首を出し、「先生、もっと遊びたいんだ」「もっと遊んでいていい」と、泉さんに甘えるようにいっていた。

泉さんは困ってしまった。「もうこんなにお客さんがきているがね」といっても、子どもたちは聞かなかった。「もっと遊びたい」「もっと遊ばせて」といっていた。泉さんは笑顔をつづけたまま、からだをおどけたように動かし、両手を子どもたちの方へさし出した。「たのむからはいっておくれよ」といった。そのことばに子どもたちはようやくだまった。そして参観人の間をくぐりぬけるようにして教室のなかへはいってきた。

泉さんは相変わらず笑顔をつくって授業をはじめた。参観人は教室の後にも横にも、前の方にもいっぱいになっていた。渡してあるプリントに子どもたちが書きこんでくるわけだったが、泉さんがそのことを聞くと、「わたし忘れてきちゃった」「おれも持ってくるの忘れちゃった」とあっちこっちからつぎつぎと声が出た。泉さんはその声が出るたびに「しようがないね」と、大きな笑い声を出しながら、びっくりした表情をしてみせた。参観人も子どもたちも笑い出した。

そのとき格次君が「鉛筆忘れちゃった」と、大きな声を出した。貧しい服装をした格次君は、大きなからだの背中をまるめ、口をつき出すようにして、ポケットだの机のなかだのをさがしていた。泉さんが「鉛筆は先生が貸しますよ」といって持っていっても、その方は見向きもせず相変わらず、机のなかへ首をつっこんでごそごそさがしていた。机のなかは紙くずでいっぱいだった。格次君は、それをいつまでも、いつまでも、ごそごそごそごそとかきまわしていた。

私は、泉さんの顔を直視できなかった。泉さんは泣いているのではないかと思った。だが泉さんは笑顔をくずさなかった。明るい笑顔を見せたまま、格次君に話しかけたり、ひとりひとりの子どもに呼びかけたりしていた。そして、ようやく授業がはじまった。私は、泉さんが笑顔をくずさず、ユーモアたっぷりに子どもたちに向かっているだけに、その姿を見ているのがせつなくてならなかった。

しかし、そのあと、授業はすばらしく進んで行った。授業にはいろうとしない子どもたちを、泉さんは何とかかんとか授業のなかにひっぱりこんでしまった。子どもたちは、だんだんと引きこまれて発言をしていった。もう参観者など子どもたちの意識になくなっていた。格次君もそのなかのひとりだった。格次君の発言が問題を解決する重要なきっかけになったりして、授業の終わるときには、学級全体の力で、とうとうむずかしい問題をみんなのものにしてしまった。子どもたちはすがすがしい姿勢になり、満足して授業を終わり教室から出て行った。

研究授業が終わったとき、藤原公子さんが職員室へきて私にいった。

「私は、きょうは泉さんの授業にはほんとに感動してしまいました。涙が出て仕方がなかったのです。私は、去年までの泉さんの授業を、非常に質の高い立派な授業だと思っていました。ですが、自分で仕込んだ立派な子どもの前にあぐらをかいているように思っていたのです。けれどもきょうのはちがいます。ああいう子どもたちを相手にして、それをとうとう授業のなかにひっぱりこんでしまったのです。私は教師として、よい子を相手にしてよい授業をしているのより、ああいう子どもを、あんなふうに動かしてしまう教師に感動するのです。それが教師の仕事だと思うのです。ほんとうに頭がさがりました」

公子さんは、自分の教師としての体験の感動をこめながらこんなふうにいうのだった。私もほんとに同感だと思った。泉さんのけなげさ、教師としての泉さんの立派さの前に、何もいうことができなくなってしまった。

泉さんのこの学級は、特殊な事情のある学級だった。この学級は、一年生のとき力のない先生に受け持たれ、しかも、いわゆるよい子だけを特別に大事にされたために子どもたちがゆがんでしまった。その上、二年生のときと三年生のときと、やはり力の弱い先生に受け持たれてしまった。他の学級がよい授業をしたり合唱したり体操や舞踊をしたりしているのに、自分たちの方はよくできないと思いこんでいた。学校全体からするとそういうことになるのだが、学校全体が上がっていたので、この学級の学力もその他の力もふつう以上だったのだが、この学級の子どもたちはそれでは満足できなかった。もっともっと自分たちの力を十分に発揮したくてならなかった。

それで三年生のときは、わざとあばれたり、「自分たちはばか組だ」といったり、授業のとき先生が説明しているのに、床の上に坐りこんで、先生に聞かれても返事もしなかったり、音楽のときも、沈黙戦術で絶対に歌わなかったりしていた。そしてよい先生に教えてもらいたいという願いをときどき出していた。泉さんのところへきて、「四年になったら教えて」といったりしていた。

泉さんは、前の何年か持ち上げた子どもたちを卒業させて、その学級を四年になって受け持ったのだった。泉さんが受け持つと、子どもたちは、立ちどころに変わってしまった。喜び勇んで毎日楽しそうに勉強したり遊んだりしているのだった。よい授業をだんだんとしていたのだった。

ところが、その学級が、他からの参観者を迎えての大きな研究授業をすることになった。見ると、教室は、自分たちの学級の人数の何倍という人たちでうずまっていた。子どもたちはびっくりしてしまった。うれしいのはうれしいのだが、一方てれてしまった。そして「もっと遊びたい」といったり、「プリントを忘れた」といったり、「鉛筆がない」といって、ごねたりしたのだった。このときは、三年生のときの姿が完全に出てしまった。泉さんは、それを何とかかんとか授業のなかに引きこんでしまったのだった。

教育は、こういうことなのだろう。どんな学級でも、どんな状態の子どもでも、教師の人間とか教師の力とかで、自由自在に学習のなかへ引きこんでしまい、子どもたちに追求の喜びを与え、子どもの人間を一時間一時間の授業で変革させていけるようになってはじめて教育といえるのだし、そういう仕事ができてはじめて、専門家としての教師の力を持っているといえるのだろう。

私の学校の先生は誰でもそうだが、泉さんも、この学級の子どもに、またこの授業で、少しも叱ったり強制したりはしなかった。叱ったり強制したりして子どもをよくするのはそれは教育ではない。また、叱

った り強制したりしてできたものは、一応、形はととのったとしても、それは決して子どもを育ててはいない。

私の方の先生は、絶対に子どもを叱ったり強制したりしないで子どもを育てている。もしかりに、その結果が、叱ったり強制したりして子どもを育てようとしている学校や学級の子どもと同じだったとしても、それだけでも、叱ったり、強制したりしないでやった方がよいということになる。それは、叱ったり強制したりしている人たちが、そういう武器をなくして、叱ったり、強制したりできなくなってしまったらどんなことになるかと考えるからである。そういう武器をとり去ったばあい、そういう先生の学級の子どもは必ずひどいものになるからである。

しかも私の方の子どもは、叱ったり強制したりしていないのに、強制という武器だけを使ってやっている先生の学級よりはるかによい。はるかに規律も自由もあるし学力も持っている。

強制という、教育ではない武器を返上して、そういう武器をつかわないところで、よい子どもを育て上げていくということ、そういう努力や創造をしていくということ、それが私は専門家としての教師の当然のつとめだと思っている。そういう力を教師が持ち、そういう仕事を教師がしたとき、電車の運転手や医者のばあいと同じように、素人がはいってきたのではたち打ちできないようなものになる。専門家としての教師の仕事がはっきりしたものになる。

4　教師の力量

〔教育に必要な洞察力〕

すぐれた教師はだれでも、自然とか人間とか芸術とかにたいして、すぐれた解釈力とか、洞察力とか、感じとる力とかを持っているものである。また、そういう力を持っていない限り、教師としての力を発揮することはできないものである。

職員室にいると、二年生の教室から、はるかに子どもたちの歌っている声が聞こえてくる。よい声だ。幅と深みが前よりもずっと出てきている。私は、「よくなったなあ」と思い、担任の先生がくるとそのことを話してやる。担任の先生もそのことを意識している。学校中の先生もそのことを意識している。そういうことがみんなにできて、はじめて子どもはよくなっていく。

五年生が音楽室で歌を歌っている。私は来客と話しながら職員室でそれを聞いている。二節目へいったとき、どうも出が悪かった。「出が悪いなあ」と私がつぶやくのといっしょに、ぴたっと歌はやんだ。教師はそこでやめさせて歌い出させていた。私は、的確なものだなあと感心してつぶやいた。これらもまた、教師に、解釈力とか洞察力とか感じとる力とかがあってはじめてできることである。

参観者がきたときであった。三年生がすばらしい国語の授業をした。どの子もどの子も生き生きと眼を光らせて学習していた。ひとりの子どもが発言すると、全部の子どもが、その発言に吸いつくように立ち向かい、うなずいたり、考えたり、同感したり、ちがう意見を出したりしていた。ちがう意見が出ると、またそれが組織され発展されていった。発言しない子どもでもみな生き生きと学習のなかに喰いこんでいた。全部の子どもがひびき合い高まり合って学習が進んでいた。それは子どもの顔や手や口もとや、学級全体の脈打ちを見ればよくわかることであった。

ところが、ひとりの参観者は、「発言する子どもが限られていた」ということをいった。私たちも、他の参観者も、誰もそうは思わなかった。「顔を動かすだけでも、一言ずついうことでも、みんな発言しているのだ」といった。「前の方にいて子どもをよく見ていればそれがわかるのだ」といった。そういうみんなの意見を聞くと、その人は、「私は後ろの方にいたので、そういう子どもの表情がわかりませんでした」といった。

だがこのことは、なれていれば、また子どもの表情や動きをよく読みとり、それに対処して授業をすすめる教師だったら、後ろにいても、子どもの顔を見なくもわかることである。教師は、そういうところにまで自分の感受力を高めていかなければならないのだと思っている。

だがその先生は、よい先生なのだが、いままでそういう授業をしたことがなかった。「授業を前から見るなど失礼だ」といわれる教育界に住んでいた。だから子どもの動きを見るなどという世界をその先生は持っていなかった。

子どもたちが国語の時間に黙読をしている。喰い入るように全員が読んでいるときと、その逆のときとでは、同じ全員の黙読でも全然ちがうものである。教師は、そのちがいを敏感に感じとり、それを指摘し、喰い入るような黙読のふんいきやよさを子どもに教えないと、ほんとうの黙読をさせることはできない。

国語で、各読といって、めいめいの子どもが自由に音読することがあるが、そんなばあいも、ほんとうにひとりひとりが読みこんでいるときと、そうでないときでは学級全体の読み声がちがうものである。ひとりひとりがよい音読をしているときには、ばらばらに読んでいるのだけれど、蚕が桑を食いこんでいるときのように、出ている声に統一があり、力があり、しずけさとか快さとかがある。そうでないときは不協和音になり、うるさい重い不快な声を出している。

教師は、そういう読み声を、じっと腕を組んで聞いているとよい。そして悪い読み声のときと、よい読み声のときにやめさせてみるとよい。悪い読み声のときは、大きな声を出したり、手をたたいたり、笛を吹いたりしなければやめないが、よい読み声のときは、しずかに「ハイ」とか「やめて」といっただけでも、ぴたりと全員がやめてしまうものである。

たいへん小さなことのようであるが、こういうことが教師の仕事には大切になる。よい教師はみなそういうことに敏感な感性を持ち、そういうことに注意深い目と心を向けている。また、そういうものが見ぬけるような力とか解釈力とかを持っている。

野菜づくりをしている農家の人と話していたときであった。「野菜づくりの秘訣はどういうことですか」と聞いたところ、「毎朝畑へ行って楽しんで野菜を見ることですね」ということだった。親しみを持ち、楽しんで畑を見ていると、二枚の葉が重なっている株が、ぱっと目にうつってくる。その株のところへ行って、重なっている葉を広げて太陽のあたるようにしてやる。「一株一株見て行って、重なっている株をさがすようではだめだ。畑全体を見たとき、そういう株が、ぱっと自分の心にうつってくるようでなければだめだ」というのだった。

この人はまたこういうことをいっていた。お蚕を飼っているのだが、お蚕に親しんでいつでも見ていると、「桑がほしい」というお蚕の声が聞こえるというのである。これはもちろん実際に聞こえるわけではなく、そう感じられるわけである。そういう声のしたとき、桑をやるといちばん効果的に食べるというのである。「向こうのほしいときに、ほしいものを与える」、これがお蚕を飼うにも、野菜をつくるにも、秘訣である。そして、こういうことは、教えられてできるものではない。自分で何年も何年も努力して、自分で覚えなければならないということだった。

この話を聞いて私は、授業のやり方とそっくりだと思った。野菜づくり、蚕飼いの上手な人が、相手と自分の心を通わせ、相手の気持を読みとるようにして、一枚の葉の重なっているとき、桑がほしいときに、とっさに欲しいものを与えてやるように、授業も、子どもと心を通わせ、子どもの心をよく読みとり、子どもの欲しいものを、欲しいときに与えてやらなければならない。授業においては、それが何秒の差であることが多い。何秒早かったり、何秒遅かったりしたためにうまくいかなかった例が多い。

ことに芸術教育においては、授業以上にそういうことが大切になる。子どもたちに絵をかかせるばあい、舞踊や劇や合唱をさせるばあい、子どもたちの表現や気持を見ぬき感じとり、とっさにそれに即応した処置をとれるようでないと、子どもたちを生き生きと創造の世界に引き入れることはできない。名作を読んでやるようなばあいも、ひとりひとりの子どもが、それにどんなふうに反応しているかが、朗読しながらも感じとれるようでないといけない。

こういう教師の感覚の鋭さは、絶えず子どもに接し、子どもに親しみ、子どもと心を通い合わせて努力しているうちに、だんだんと力がついてくるものである。それとともに、すぐれた芸術作品にたくさん触れたり、芸術表現を自分でもしてみるうちにつくり上げられていくものである。

もちろんそういうすぐれた豊かな感覚を持った教師には、一朝一夕にしてなれるものではない。豊かな教養と、実践とが、そういうものをその教師の人間全体の力としてつくり出す。たいへんきびしいことである。しかし、野菜をつくるにも、お蚕を飼うにも、そういう力を必要とするし、また、そういう力が生まれるものであることを思えば、人間を育てる専門家として、教師は、どうしてもそういう力を自分のものにしなければならないことになる。またそれは、不可能なことでもない。

すぐれた授業、すぐれた芸術教育をしている教師は、みんなそういう力を持っている。

〔文学と科学から学んだ力〕

そういう力を持っている教師は、やはり文学と科学の二つをかねそなえて持っている教師だ。文学と科学は、どちらも直観力とか感性とか、論理性とか、洞察力とか、鋭い解釈力とかを必要とするものだが、教師が、文学と科学の両方からそういう力を学びとり、自分のものにしていったとき、その教師は、あらゆる場面にその力を発揮し、どういう子どもをも、自由自在に高い学習の世界へと引きこんでいく。

そういう力とともに教師に必要なことは、知識の正確な習得ということである。教師が、豊富に自分の頭のなかにはいっている知識を、それぞれの場に応じて縦横に駆使したとき、子どもたちは生き生きと学習し、また、解決しないむずかしい問題につきあたっても、ふっとつき破っていくようになる。一つの熟語を教えるばあい、それに関連するものを持ち出したり、すぐれた絵とか音楽とか小説とかを、子どもの生活の現実に結びつけて話してやったりして、子どもの生活や知識や感動を、豊かに新しい世界へと引き上げていくことができる。だが、そういう知識や教養のない教師は、一つの教材の指導でも、生活の指導でも、狭く貧弱にしかできないから、指導がやせて内容がなく、子どもを、また授業を、やせた、固定したものにし、子どもをそういう貧弱な動きのないものにしてしまう。

〔力のある教師・力のない教師〕

広い豊かな知識を持った教師は、言語も明晰になる。声音も、豊かな澄んだ快いものになる。私は教師は、子どもの前で、いつも明晰な、しかも快いひびきを持った声音で話せるようでないといけないと思っている。よい教師は、そういう質のことばを使って手短に話している。いちばん悪いのは、わからないことを、大声で、だみ声で、演説口調、講義口調で話すことである。つかえた土管のように、くどい、もどかしい、頭の悪い話し方をしていることである。

私の学校でも、子どもにあばれられてしまったり、反抗されてしまったりする先生がいる。そういう先生を見ると、みんな解釈力とか洞察力とか感じ方とかが弱いし、その上、頭が痛くなり、いらいらするような、くどい話し方をしている先生が多い。

そういう先生たちは、絵か文章を書くばあいも、自分で感動し、自分で訴えずにはいられないようなものを、脚本とか絵とか文章とかに書いたりしないで、生のもの、自分のものになりきらないものを、ひどくひやややかに書いている。自分でセザンヌとかマチスとかルオーとかゴッホとかに感動しないで、他人の評価によってみるような人が多い。ほんとうに自分のからだでわかりもしないのに、簡単に「わかった」と思ったりいったりする。だからいうことも授業も、自分がなく、平板なものになってしまう。そういう教師に、子どもは生理的に反抗しているようである。

子どもがついてゆく教師、反抗するどころか、生き生きと満ち足りてついていくような教師は、そういう人ではなく、もっと弾力を持ち、うねりを持ち、振幅を持った自分を持ち、自分で生きて創造していっている教師である。そしてそういう教師になるためには、ふだん子どもや自然に接して、解釈力とか洞察力とか感じ方を学びとるとともに、直接には役にたたないような、無駄だと思われるような勉強をたくさんすることである。直接役にたつようなことばかり学んだり、雑誌にあるものの断片だけで物を知ったような顔をしている教師では、やはりやせた平板な授業きりできないから、子どもにあばれられ反抗されてしまうということになる。

私の学校へ転任してきたある若い男の先生は、ひどく気のよいほがらかな先生だった。授業が下手だったので子どもたちにあばれられ反抗されてしまった。仲間の先生からも私からも親たちからも、授業の方法や先生の態度についてつぎつぎと意見が出された。だが、その先生は相変わらずほがらかで、廊下を歌を歌いながら歩いていた。私は、なかなかへこたれない立派な先生だと思っていた。

だがいつまでたってもその先生は授業もうまくならないし、ほがらかな顔も同じだった。子どもたちはいよいよ荒れてしまった。私や仲間からもきびしい批判が出た。それでも同じようにほがらかにしていた。私は「この先生ひどく鈍感な先生だ」と思ってきた。これでは駄目だと思ってきた。

その翌年、その学級を腕のよい先生にあずけた。そして若い男の先生には、学校でいちばんよい学級をあずけた。ところが、前の荒れていた学級はよくなってしまい、その先生の持った学級は、逆に反抗的になり荒れてしまった。はじめのうちその先生は、相変わらずのんきにしていたが、だんだんとふさぎこんできた。会議のときも、親たちや参観人などがきたときも、おどおどして、上目使いに人を見るようになってきた。私は、いつもそれをかわいそうだと思って見ていた。だが私は、一度はそういう深い悲しみを経過しなければ、その先生がほんものの教師になることはできないのだと思って、じっと耐えて見守っていた。他の先生たちにもそのことを話していた。

ところが、その先生がそうなってしばらくたつと、その学級の子どもたちが素直になり、明るくなり、先生にも反抗しなくなってきた。その先生は、自分の非力がほんとうにわかり、打ちのめされ、へなへなとなってしまったとき、謙虚になりきびしくなり、そういう目で子どもに向かうようになったのだった。ようやく教育がわかり自分がわかったのだった。そうなったときその先生は、いままでのように子どもを叱ったり、うわついたりしなくなった。子どもたちは、そういう先生に親近感を持ち、同情し、むしろ先生をいたわるような態度さえとるようになったのだった。

しかし何といっても、授業がうまくなることが子どもをよくするにはいちばんよいことである。

授業は不思議なものである。不思議に楽しくきびしいものである。よい授業を見ていると、教室全体が、もちでくっつけたように一つになっている。蚕が桑を食いこんでいるように、教室全体が一つに集中している。ところが、悪い授業は、喰い入るようになかへ集中しないで、ふわふわと外に向かって気持が流れている。

またよい授業は、教室へはいった瞬間、何か花のひらいたような明るさとか、解放感とかがある。それは、先生と子どもが明確に一つの問題に集中し、ひとりひとりがみんな自分を解放して生き生きと学習に立ち向かっているからである。そういう教室へはいると、自分の心が明るくなり、すぐその学習のなかへとびこまされ、気軽に発言もしたくなってくる。またその発言に学級全体が生き生きと反応する。

悪い授業はそれとは全然逆になる。はいって行ったとき重苦しい感じがする。子どもや先生の気持も頭も、学習の進展も渋滞しており、子どもの顔も教師の顔も黒ずんでよどんでいる。その教室にはいっていることが息苦しいような感じになる。だからその学習のなかへはいりこむ余地がないし、発言してもそれは少しも受けとめられないものになってしまう。

そういう授業のちがいはどういうところから出てくるのであろうか。そういう二つのちがう授業は、とうぜん教師や子どもの気持を暗くしたり明るくしたり、子どもや教師を生き生きと満足させたり、そうでなくしたりするのだが、それはみな教師の力とか人間とかが大きな原因になっている。それとともに、教師の教え方が原因になっている。

下手な先生は、発問の仕方も無意味な形式的なことをしている。五年の国語でひとりの子どもに朗読させたあと、先生は「いま読んでいるのを聞いていて、何かわかったことある？」と聞いていたが、子どもたちは返事をしないで沈黙してしまっていた。その間、教室全体の空気は沈滞し、子どもの顔も重苦しくなっていた。これは、こういうばくぜんとした発問をしたからだった。教師が子どもたちに答えられないような、一般的な発問をしたからだった。

教師の発問は、いつでも子どもがそそのかされ誘発され、その発問によって爆発的に新しい考えを出してくるようなものでないといけない。

そのためには教師は、子どもの表情をよく見、子どもの声をよく聞きわけ、よく解釈し、教材やその時の授業とよくつなぎ合わせて、もっとも有効に具体的に子どもにひびいていくような発問をしなければならない。また、自分の発問に手ごたえがあったかどうか、そのときどきに敏感に確かめて、つぎの発問をするようにしなければならない。

ところが駄目な先生はそういう力がない。子どもが黙ってしまうのは、子どもが悪いと思っているし、自分の発問に手ごたえがあったかどうかなど感じとることもできない。そういう先生は、子どもが発言したばあいも、それの受けとめ方がのろい。とっさに子どものことばを受けとめ解釈し、それを他の子どものことばと結んでやったり、教師の意見を出したりしてやることができないから、その間だけ教室にすきができ、重苦しい停滞と沈黙がつづく。授業の下手な先生は、みなそのようにして子どもをだらけさせ重苦しくし、そして不快にし、反抗的にしてしまう。また参観しているものをもそういう気持にしてしまう。

駄目な先生は、そういうすきまのある授業をするばかりでなく、あいまいな授業をする。子どものことばへの返しものろい上に、はっきりしないし、説明もまた確信に満ちた明晰さとか力強さとかを持っていない。授業の進行もあいまいで、その節々に、子どもが湧き立ち、生き生きと発見したり獲得したりするようなものがない。

子どもに考えさせ、意見を出させたり討論させたりするばあいでも、ただ型どおりに意見を出させたり討論させたりして、討論とか質問とかのなかから、新しい発見とか創造とかがみんなのものとして爆発的に出てこない。だから授業が型にはまった平板な感動のないものになり、子どもを無気力な無感動なものにしてしまう。

授業のうまい人はそうではない。説明もうまいし、教えこむこともうまいし、子どものことばを早くとらえ、そのなかのどれを取り上げ、どう使えば学級全体の学習が高いものになるかということを知っている。子どもたちの学習が停滞したとき、どういう投げ方をすればそれを破り、また生き生きと子どもの学習が発展するかということを知っている。

子どもたちの思考や発言がよく積み上がっていき、新しいものを吹き出しそうになるときがある。それはちょうど、ゴムまりの中に空気を入れたような緊張した力を持っている。そんなとき、新しい次元へとその学習の緊張を爆発させていくのは、教師や子どものすぐれた発言である。

だが、教師や子どもの発言が悪いと、その緊張をつき破ることができない。つき破る発言がいつまでも出ないまま、むだな発言をしていると、その緊張は持続できないから、子どもも教師も疲れてき、苦しくなり、ついに学習のふんいきがだれたものになってくる。

そういうことのないようにするためには、緊張しきったとき、その一瞬の機会をのがさずに教師が適切な発言をし、その緊張のなかから新しい芽を吹き出させ、緊張を解放し、新しい発見の喜びを子どもたちに味わわせてやることである。それは、空気がいっぱいはいったゴムまりに針をさしこみ、空気を一度に吹き出させるような作業であり、卵から出ようとして出られないでいるひなを、卵の外からからをたたいて、早く外に出させてやるような作業である。

こういうことも、すぐれた教師はまことにうまい。そしていつでも子どもたちに、緊張と解放と発見の喜びを味わわせている。だが下手な教師にはそういう力がない。大事なところへいくと、そういう力がないから腰くだけになってしまう。せっかく、はりつめた緊張にまで学習を持っていったのに、そこで腰くだけになってしまったり、一つの教材を説明するばあいも、自分の力不足から、よたよたになり、子どもたちを不満にしてしまったりしている。

そういうとき、そこにいた他の人の、ちょっとした一つの発言が、その緊張を突き破ったり、一つの教材を明確にしたりすることがよくある。一つの発言が、生命のない授業に生命を与えたり、子どもを爆発的にゆり動かしたりすることがよくある。

授業は、そのように教師の一つのことばによって生きたり死んだりしてしまうものである。そして、そういう一つのことばに生命を持たせるようにするためには、やはり、教師が、自分で何回も何回も苦しんで授業をしたり、他のすぐれた授業を見たりしながら、自分自身で発明していく以外に方法はない。

5　だれのための教育か

〔**教師の責任**〕

教師の力、父母の力で、子どもは無限にそれぞれの力を伸ばしていくことができる。また、教師も、父母も、無限に自分たちの力を伸ばしていくことができるし、そうなってはじめて子どもも、さらに高く無限に伸びていくのだということを、私たちは、私たちの実践で深く信ずるようになった。

私たちは、どの子どももが、そういう無限に伸びる力を持っているということを、教師として深い喜びとする。それとともに、悪い条件が、教師にたいしても、父母にたいしても、子どもにたいしても、あればあるほど、それだけに、教師としての責任を深く感じる。伸びる力を持っていながら、さまざまの条件のなかで伸びずにいる。いま、目の前に現実にいる子どもたちを、正当な教育の方法によって伸ばしてやらなければならないと考える。

教師がそう考え、教師としての正当な責任と権利をはたすためには、教師はいま、自分たちの持っている教育の権利を、はっきりと、自分たちのものにしなければならない。自分たちの権利をはっきりと確保して、自分たちの創り出した創造的な理論や方法で、自分たちの目の前にいる子どものひとりひとりを、十分に力を発揮させ、新しい高い次元へと変革させていかなければならない。

〔教育で忘れてはならないもの〕

教育は、いうまでもないことであるが、親のためにするものでもないし、教師のためにするものでもない。いま生きている子どもたちのためにしてやるものである。子どもたちが、文化財を身につけ、高い知恵とか創造力とか感動力とかを持って、いまの子どもとして楽しく生きるとともに、将来おとなになったとき、十分に力を発揮して、みんなといっしょによくなっていけるような力をつけてやることである。

そう考えると、学校の教育の中心は、いつでも子どもにある。子どもが主役になって、それぞれが活動しながら、子どもが高まっていくためにあるものである。

学校の教育で、子どもたちを主役にし、子どもたちを活動させることによって高める場面は、主として授業と行事である。

授業は、人類の残した文化遺産を対象にし、それに学級全体の子どもが取り組むことによって、子どもが知識を獲得し、それを拡大・深化・再創造し、そのなかで、「知恵」とか「論理性」とか「仲間づくり」とか「創造力」とか「感動性」とかを、子どもたち自身のなかへつくり出していくものである。

行事は、「一年生を迎えるのだ」とか「よい学習の仕方や仕事を残してくれた卒業生を送るのだ」とか「すばらしい運動会をするのだ」とかいう、具体的な目標のもとに、全校の子どもや教師や父母の共同の力で、その目的にふさわしい創造的な行事をつくり出し、そのなかで、授業と同じに「仲間づくり」とか「創造力」とか「高い感動性」とか「知恵」とかを、お互いの間につくり出し、それによってそれぞれの人間を変革させていくものである。

対象はちがうが、子どもを全面的に育てていくということにおいては、どちらも同じ目的を持ち、相互に関連を持っている。その両方にふくまれている芸術教育的なものとも、さらに、狭い意味での芸術教育とも相互に関連を持っている。

そういう大事な授業や行事や、また芸術教育で、いまいちばん忘れられていることは、子どもが先に立てられ、子どもの生き生きとした活動が、大事に育てられていないということである。むしろ子どもが、おとなや教師のために圧迫され、子どもが真に成長するための活動を封じられているということである。

教師が、ただ自分の持っている貧弱な固定した知識を子どもに教えこもうとする授業がそれである。入学試験とか、通信簿とか、教師や親の利己的な欲望のために、子どもに教育的でない強制を与え、それによって子どもを一つのわくのなかに形式的にはめこんでしまうような授業がそれである。そういう授業では、教師やおとなからの一方的なものは子どもに与えるが、子ども自身が活動し、思考し、そのなかから子どもたちが感動的に強く自分の知恵をつくり出していくことはできない。

行事もまたそういうものが多い。授業と同じに子どもたちを活動させて、新しい子どもをつくっていくべきはずの行事が、子どものためでなく、おとなや教師のためにされていることが多い。そういう行事は、校長とか来賓とかが中心になり主役になって進められている。活動するのは来賓とか校長とかであり、子どもたちは受身にされ、一方からものを押しつけられているだけである。そういう行事は、来賓とか校長とかを権威づけるためにだけあり、子どもに新しい典型をつくるということには役だたない。

極端なものになると、校舎の落成式のときなど、雨のなかに子どもたちを立たせておき、来賓はテントのなかにはいっているというのもある。

そういう儀式では、いつも教師は、校長とか来賓とかのために、子どもたちを監視し、形をととのえている。だから貧血でつぎつぎと倒れるような子どもも出るわけだが、こういう儀式は、教育として子どもたちのためにされるものではない。子どもたちは、ここでは主役どころか、いわゆる偉い人たちのためにあることになる。そこには、子どもを主とした教育という活動はない。

同じようなことは、音楽を例にとってもいえる。「学校音楽は校門を出ない」とよくいわれるが、子どもを主にしない、押さえつけの授業や行事と同じような音楽教育をしていれば、そうなるのは当然である。学校で歌う歌が、自分の生活の感情をゆり動かされ、歌わずにいられなくなるようなものになっていないとすれば、学校音楽が、校門を出なくなるのは当然である。

ひからびた歌を形式的に押しつけ、歌いたくないものを無理に歌わせている先生がいる一方、技術とか形式とかを先に教えこみ、全員を一つの型にはめこんで、すぐれた音楽教育をしているように思っている音楽教師もいる。こういう人たちを見ると、それはみな、既成の音楽概念がその教師にあり、それに向かってひたすら子どもをひっぱっていこうとしている。また、合唱コンクールなどを対象としている。

合唱コンクールなどは、ほとんどマスコミの対象になっており、マイクによって流されるものだが、そういうものを目的とし目安として指導すると、マイクにうまく合うような発声法や歌い方をさせることになる。それは、自分で感動し、感情をこめてからだ全体で歌わないで、技術だけで歌えばよいものになってしまう。

そういう、既成の音楽概念とか、マイクとかを対象にしてやる音楽教育は、偉い人のためにやる授業や行事と同じように、上向きのものになっている。子どもが先に立つのでなく、どこかにすでにあるものを目標にし、それに子どもを近づけるということになる。マイクとか偉い人とかに子どもが使われ、教育が使われていることになる。これでは、授業や行事によって、子どもが生き生きと考えたり創造したりしないし、音楽が、子どもたちのものになり、学校で歌う歌が、どこでも歌いたくて仕方がないという、子どものものにならないのは当然である。

私の方の六年生が、貸切バスで修学旅行に出かけたときであった。車掌がマイクで、つぎつぎと流行歌や子どもの歌を歌い、それをみんなに歌わせようとした。だが子どもたちは、車掌の歌う流行歌や子どもの歌にはさっぱり興味がないようだった。どの歌も知らないと思ったのか、車掌はそのうち「みなさんの好きな歌を歌ってください」といって子どもたちにマイクを渡した。

すると子どもたちは大喜びでそれを持ち、つぎつぎと二部合唱、三部合唱を歌いつづけた。その合唱があまり美しいので車掌もすっかりびっくりしてしまい、「きれいね、きれいね」と運転手に話しかけながら目的地まで行った。そしてその車掌は、翌年も志願して私たちの学校の貸切バスに乗ってくれた。

子どもたちが、ほんとうに子どもたちのための授業や行事や音楽教育をされていれば、その力は、ほんとうに子どもたちの身につくものである。音楽のばあいも、流行歌などに喰われていくのでなく、自分たちの感動のこもったものでそれを押しのけていくものである。

そこにあるものは、自分を持った子どもである。自分の感動とか、自分の出したいものとかを持った、自分で燃えている子どもである。それはすでに、文化財としての児童文化とか、子どもの創造した児童文化とかいうものとは別な、いまの世のなかにいる子ども自身が、自分のからだで創り出した児童文化である。

それは児童文化と呼べないものかも知れない。いまの世のなかにいる子どもが、からだで創造し実現した一つの典型とか、いまの子どもで出せるぎりぎりの一つの抽象とかいうふうにいった方がよいものかも知れない。

私は、私の学校の子どもたちが、授業のなかで喰い入るように見つめたり、考えたり、発言したりしている姿とか、ひとりひとりの子どもが、じっと、跳箱を見つめては走り出し、とび越える姿とか、眼をきらきらさせ、からだ全体でそれぞれの表情を自然に出しながら合唱している姿とかに、いまの子どもの、ぎりぎりの一つの典型とか抽象とかを見出しては感動する。

6　子どもは教師を裏切らない

〔新しい典型の創造〕

教育は、そのときどきの子どもを、その時代、そのときの現実のなかで、ぎりぎりのところまで完成させ、それが一つの典型とか抽象とかになるまで、子どものからだで創造させなければならないものである。そしてそれをまた、つぎの授業とか行事とかの積み上げによって、惜しげもなくこわし、新しい子どもの典型とか抽象とかを、子どもの上にまた創り出していくということである。

そしてそういう仕事は、授業でも行事でも、芸術教育でも、形だけでやったり、何か上の方に合わせるとか、でき上がっているものに合わせるとかいうことではできるものではない。子ども自身を活動させ、子どもが頭と心とからだと全部使って、自分を十全に発揮できるような授業や行事や芸術教育をしてはじめてできることである。

教育においては、芸術作品と同じに、そのときどきに、典型とか抽象とかいうものが子どもの上に創られていく。そしてそれは、一つの典型を、そのまま固定させてしまうものではなく、創り上げられた典型を消しては創り、創っては消していくものである。つぎの仕事をすることによって、いま出ている典型が消され、また、新しい典型がそこに創り出されてくるものである。

〔子どもの未来・未来をつくる教師〕

そう考えると、教育は一面はかないものであるかもしれない。絵画とか作曲とかいう、芸術作品のように固定させ定着させて残しておくということはできない。つぎつぎと新しい典型を実践によって創り出さない限り、子どもはしぼんでしまうし、典型は消えてしまう。ただ新しく、つぎつぎと創り出して行く以外に道はないわけである。それをしない限り、小学校の同じ学年のなかでも、子どもたちは、平凡になり、だめになってしまう。教育は、そういうきびしいものだ。

よく質問されることに、「こういうすばらしい子どもたちが、中学へ行ってどうなるか」とか「社会へ出てどうなるか」とかいうことがある。しかし私は、そういう質問には答えたくない気持が強い。中学がだめであり、社会がだめなら、いま出ているような典型が出せなくなってしまうのはあたりまえだ。もちろん、小学校でつくられたものは、中学校なり社会なりに持ちこまれる。しかしそこでまた新しいものをつくり出すことができなければ、子どもたちはしぼんでしまい、そのうち反抗的にさえなってくる。教育は、小学校の各学年でも、中学校でも、社会でも、それぞれ最大のよい方法をとって、そのときどきに、そのときどきの場所で、子どもの典型を創っていく以外に方法はないからである。

私たちは、いま目の前にいる子どもたちに全力をそそぎ、その子どもたちに、学力も知恵も最大限につけてやり、子どもたちの可能性をぎりぎりまで伸ばすために骨を折る。いまの日本に生きている子どもたちの典型的な姿を、つぎつぎと創り上げ、現実のものとすることに骨を折るだけだ。それが私は、教師の本質的なつとめだと思っている。中学校も高等学校も家庭も社会も、それぞれの担当者が、それぞれの場所でそういう仕事をすればよいわけだからである。そういう仕事ができる世の中にするように、どこかでみんなが骨を折り、実証し、たがいに交流し合って、新しいものをきずきあげていく以外に、いまとしての方法はないからである。

それぞれの担当者が、それぞれの場所で本質的な力を発揮し、どこでもよい教育がされるときがくるまで、私たちの仕事はきびしくはかないものであるかも知れない。それは、なぎさに打ち寄せる波のように、寄せては帰り、また寄せては帰るようなものであるかも知れない。少しも前進しないように思われるものかも知れない。

しかし私たちは、つぎからつぎへと波を打ち寄せる。新しい典型を創っては送り出してやる。つぎつぎと新しい波を打ち寄せることによって、なぎさの土や岩がくだかれるように、新しい子どもたちの力は、先の世界がどうあろうと、つぎつぎと大きく広がっていくにちがいない。はかなく弱いように見える教育の仕事であっても、そういう強さは持っている。

私たちは、そう考えて、いま自分たちが対象としている子どもに全力を傾けている。そして、微力な私たちは、そのように対象を極限して仕事をすることによってだけしか、いまの世のなかに、新しい子どもの典型を創り出すことなどできないのだと思っている。またそれが教師の本質的な仕事だと思っている。

そうした仕事のなかからつくられるそのときどきの子どもの典型は、子どもの活動によって、子どもの内面からつくられ、築き上げられるものだから、それは、外からの強制によってつくられるものや、形だけ教えこまれるものとちがって、内側からふき出し、にじみ出している力を持っている。

ピカソの抽象絵画は、ピカソの内に充満し、たくわえられ、吹き出さずにはいられないものが、必然的な結果として出たものである。だからそれは私たちの心を打つ。

ゴッホの絵の前に立ったとき私たちは、ゴッホの心の深い悲しみにそくそくと胸を打たれ、へなへなとそこにしゃがみこんでしまいたくなる。これもまた、ゴッホが、からだ全体で生きぬき、それをからだ全体でぶっつけて絵にかいているからである。

授業もそうである。教師や子どもが、内にあふれたものをぶっつけて出している授業は、人の心を打つ。そういう授業は、内にある力がおのずとあふれているから、その力が教室全体に反映し、その力で教室全体を支配している。教室全体をうずめるような参観者がいるばあいでも、そのなかに子どもや教師が埋没することなく、逆にそれを圧倒し、その力は教室外にまであふれるようなものになっている。

そういう授業のなかで行なわれる教師の発言や子どもの発言は、力を持ち、それがひどく大きく目立ち、そのことばが、全体と密着し、全体に呼びかけるような力を持ったものになっている。形だけで教育されたものでなく、子ども自身が活動し、子ども自身が力を十全に発揮し、内に充満した力を持つような教育をされているからである。

一年生から全員が中央に集合し、二人の教師によるアコーデオンと、小太鼓の単調な伴奏にあわせて足ぶみ。

「さあ、歩きましょう」という、ごくふつうのマイクの合図で、一年生から出発。島小行進曲というのを歌いながら行進、運動場をまわりはじめるのである。足が、タッタッタッと、みごとに合っているのではない。ユニホームの華れいさもない。みんな思い思いの服装である。伴奏もただの二人。それで、ただ、子供たちは歩いているだけである。

さて、それなのに、なんとふしぎなことか、眼がしらがジーンと熱くなるのである。眼の前を歩いているのは全く神田の子と同じ、しごくあたりまえの子である。行進だって、とくにめずらしいものではない。真昼間の運動場を、ふつうに子どもが並んで歩いているだけである。

全くそれで、涙がでてくるのである。

運動場のぐるりで、それをみている教師の多くが、感激で、眼をぎらぎらさせているのである。

「こんなハズはない。おれは、斎藤喜博の演出にごまかされているんだ」

わたしは、そう考えて、運動場を歩きまわって、それを、ふりほどこうとした。しかし効果はなかった。

眼の前を進んでいる列の中の、例外ない全ての子の顔の明るさが、みるものの心をとらえてしまうのである。

自分が、小学生であるということが、もう、うれしくてがまんできない、という顔をしているのである。


これは、参観にきた先生が、自分の学校の先生たちに報告したプリントの文章の一節である。

大きな石も
ぐんぐんと
みんなで押せば
動いて行く
石が自分で

動いて行く
ぼくらもいっしょに
動いて行く

たったたった
顔あげて
知恵の実とりに
進んで行く
たったたった
胸はって
だったただったと
進んで行く

丸山亜季さんが作曲し、私が作詞した、こういう歌詞の歌われる、「島小行進曲」に合わせて行進する子どもたちの姿を見ての感想であるが、こういう感想は、この先生ばかりでなく、私の学校の子どもを見た、みんなが持つことである。一つの行進がそういう感動を与えたり、子どもの合唱が人に涙を流させたり、授業が、人の心を激しくゆさぶったりするのは、やはりそこにあるものが、ただ形だけのものでなく、内容を持ち、自分を持ったものであるからである。自分の感動や知恵を思う存分に活動させ、いつもそこに新しい創造を、そして典型をつくり出しているものだからである。

一つの授業は、教師の力で、子どもが全力をつくして活動し考え追求するようになってはじめて授業となる。そういう授業では、教師の発言とか子どもの発言とかで、どの子どももが、自分のいままでのものを否定して、授業の発展のなかでわかったことを自分のものにしたり、自分を新しいものにしたりする。

だから、そういう授業では、わからない子どもは、自分がわかるまで、「まだわからないなあ」といい、必死になって考えている。「そうだ、そうだったんだ」と、わかった喜びに顔を輝かせている。先生の発言ばかりでなく、友だちの発言も、じっと聞いて、それによって考え、つぎつぎと表情を変えている。友だちや先生の発言のとき、うなずいたり、考えたり、手や指を、かすかに動かして考えたりしながら、学級全体のひとりひとりが、しずかにどよめき、波だちながら、つぎつぎと問題にぶつかったり、解決したりしていっている。そして、一つの山がくずれたとき、学級全体が、花のくずれたようにきびしい緊張から解放される。そして、またつぎの山へと登って行く。

一時間の授業のとき、そのように子どもたちを動かしていくのは教師である。教師が自由自在に子どもを動かし、緊張させたり解放させたりしていくわけである。

そういう授業でいちばんむずかしいことは、やはり、学級全体の子どもを学習対象に向かって緊張させ集中させていくことである。緊張させ集中させるということは、ゴムまりのなかに空気をいっぱいつめこみ、ゴムまりを緊張させるように、子どもたちの学習の内容を深め、それを組織し発展させることである。それが十分にできれば、その教室は緊張し集中する。そのとき、緊張しきったゴムまりに針をさしこみ、空気を一度に吹き出させるように、緊張しきった学習を爆発させ、一つの山を越えることになる。

そういう授業をすることによって子どもたちは、自分の全部を投げかけて学習し、ほんとうの強い学力とか知恵とかを身につけることになる。ただ一方的に教材を押しつけ、覚えさせる授業とはちがった強い力を持った子どもにすることができる。

そういう授業や、行事や、芸術教育を受けた子どもは、強制された、形式的な教育を受けた子どもとは異質な「ごうつくばり」な子どもになる。

画家の井上長三郎氏が話していたことであるが、戦争中、勇ましい兵隊の絵をかくように軍部にいわれた井上氏は、一生けんめい勇ましい兵隊をかこうとして何回も努力した。だが、でき上がった絵は、どれも、あわれな、なさけなさそうな兵隊になってしまい、「こんな兵隊があるか」と軍部に叱られてしまったということだった。

井上氏は、戦争がいやで仕方がなかった。戦争に出て行く兵隊が、あわれでかわいそうでならなかった。そういうものが井上氏のからだにしみこんでいたので、いくら勇ましくかこうとしても、でき上がった兵隊は、しょぼしょぼした、悲しそうな、なさけなさそうな兵隊になってしまうのだった。ほんとうに「ごうつくばり」なのだと思った。

教育は、学力においても、知恵においても、感動力においても、そういうものを子どもの上につくり出さなければいけない。授業や行事や合唱や行進が、人の心を動かすということは、子どもたちに、そういうものがあるからである。また、そういう授業や行事や、合唱や行進によってだけ、そういう子どもはできてくるのである。

あとがき

ここに書いたことは、いままでの「授業」についての常識で考えると、なにか非常に高度のもののように考えられるかも知れません。また、不遜な、乱暴なことをいっているように思われるかも知れません。けれども私は、「授業」というものは、もともとこういうものだと思っています。いままで一般的に考えられ、また行なわれてきたようなものを、私は「授業」だとは思っておりません。

私は、「授業」ということばが好きです。教師として、「授業者」であることを、この上なく誇りにも思っています。「授業」を見ることも、楽しくておもしろくて仕方がありません。それは授業が、それと対決して、追求し深めていけばいくほど、無限に高い世界を見せてくれるからです。そういう授業によって、子どもは無限に自分の持っている可能性を実現し創造するし、教師もまた、それによって自分を変革し、成長させていくことができるからです。

私は、教育という仕事は、「イデオロギー」とか「生活認識」とかいうことではなく、文化財を正確に子どもに獲得させ、それをさらに拡大し深化し再創造する力を子どもにつけていくことだと思っています。そしてそれは、すべて「授業」によって実践されるのだと思っています。

子どもが、教材（文化財）を解釈したり、それを深化・拡大・再創造したりする高さは、いつも、教師の教材に対する解釈や、深化・拡大・再創造の高さに比例していきます。教師が教材を深く解釈し、深化・拡大・再創造をすればするほど、子どもの認識も高まっていきます。

そういう意味で、授業者である教師は、文化財への、すぐれた再創造者でなければならないし、人間としても、いままでの教師の概念からはみ出したような、豊かな人間性を持った人でなければなりません。子どものばあいも同じことがいえます。この本で私が、「学校集団」のこととか、「教師」のこととか、「芸術教育」のこととかに多くふれたのも、そういう意味からです。「教育技術」の問題も、そういうものを基盤にした上で、はじめて生きたものになってくると思います。

この本でも幾らか触れていますが、どういう教材を、どのように解釈し、どのような方法（みちすじ）で指導すれば、子どもが、どのような認識の発展のみちすじをたどって、どのような子どもに変化するかということを、みんなで考えたいと思います。教師の教材の解釈の仕方や、授業での教師の指導のみちすじによって、子どもはどうにでも変わってしまうと思うからです。

そういう意味で、授業は、ひどくきびしく恐ろしいものです。幾ら高く考え、きびしく考えてもよいものだと思っています。しかも、ここに書いたことはみな、私の学校で実践し実現していることです。それは、私の学校を「特殊だ」といって片づけ、すまされる問題ではなく、教師や母親が、教育をどう考え、子どもや授業を、どう考え、どう実践するかということにかかっているのだと思います。

そういう意味でこの本が、たくさんの先生たちや、母親に読んでいただけ、授業とか、教育とか、子どもとかが、見なおされ、考えなおされ、新しい創造的な実践が、みんなの手でつくり出される糸口になることができれば、ありがたいことだと思います。

この本は、一昨年十二月に出した『学校づくりの記』（国土社）につづいて書いたものです。登場人物も、『学校づくりの記』に出てくる人と同じ人に、同じ仮名を使いました。島小での八年間の仕事や、その仕事のなかから出た考え方とか、方向とかは、『学校づくりの記』と、この本とで、ほとんど全部書きつくしたように思います。

この本は、私の職場のすぐれた友人たちや、職場外の、たくさんの友人先輩の力によってできました。すべて島小の実践によって実証された結果だからです。出版にあたって、いろいろ知恵を出してくれた、国土社編集部の、中山信作さんにも深く感謝いたします。

昭和三十五年三月

斎藤喜博

斎藤喜博略年譜

西暦	年号	歳	事項	著作
一九一一	明治44		三月二十日　群馬県佐波郡芝根村川井に生まれる。	
一九二三	大正12	12	三月　芝根尋常高等小学校尋常科を卒業。 四月　高等科に入学。	
一九二九	昭和4	18	この年、初めて短歌をつくり、東京日々新聞短歌欄などへ発表。	
一九三〇	昭和5	19	三月　群馬師範学校を卒業。 四月　佐波郡玉村尋常高等小学校（宮川静一郎校長）へ赴任。	
一九三二	昭和7	21	六月　アララギに入会し、「アララギ」に短歌を発表。 この間、病気がちで学校を休むことが多かったという。	
一九三五	昭和10	24	八月　アララギ夏季歌会に出席して土屋文明に会う。生涯の師とする。	
一九四一	昭和16	30	三月　冨永文代と結婚。	六月　『教室愛』（三崎書房）
一九四二	昭和17	31		八月　『ゆずの花』（文録社）

一九四三	昭和18	32	三月　芝根村国民学校へ転任。	五月『教室記』（鮎書房）
一九四六	昭和21	35	六月　歌誌「ケノクニ」を創刊。	六月『童子抄』（古今書房）
一九四七	昭和22	36	四月　玉村中学校へ転任。	
一九四九	昭和24	38	十二月　群馬県教職員組合常任執行委員（文化部長）となる。	
一九五一	昭和26	40		八月　第一歌集『羊歯』（草木社）
一九五二	昭和27	41	三月　教育科学研究会の結成に参加。県教組文化部長任期満了。 四月　佐波郡島村小学校校長に就任。	
一九五三	昭和28	42	二月　島小研究報告第一集を出す。	十月　第二歌集『證』（草木社）
一九五四	昭和29	43	三月　教育二法案公述人として衆議院文部委員会で反対公述。	
一九五五	昭和30	44	十二月　第一回島小公開研究会を開催（以後一九六三年までに八回開催）。	
一九五八	昭和33	47		三月『未来につながる学力』（麦書房） 十一月『学校づくりの記』（国土社）
一九六〇	昭和35	49		三月　写真集『未来誕生』（川島浩撮影、麦書房） 四月『授業入門』（国土社） 十二月『表現と人生』（国土社）
一九六一	昭和36	50		三月『授業以前』（麦書房） 六月　第三歌集『職場』（白玉書房）

一九六二	昭和37	51	四月　近代映画協会「芽をふく子ども」の撮影開始	六月『斎藤喜博著作集』第一巻（麦書房　以後一九六四年七月まで全八巻刊行） 十月『校長の指導性』（編、明治図書） 十二月『島小の授業』（編、麦書房）
一九六三	昭和38	52	四月　前任校長の急死により急遽境町東小学校に転任。	三月『授業の創造』（編、明治図書） 四月『島小の女教師』（編、明治図書） 五月『私の教師論』（麦書房） 九月『教育の演出』（明治図書） 十月『教育現場ノート』（明治図書） 十一月『授業』（国土社）
一九六四	昭和39	53	四月　境小学校校長に転任。 十月　教育科学研究会に教授学部会を創設。	二月『授業の展開』（国土社） 七月『島小物語』（麦書房）
一九六五	昭和40	54	八月　教育科学研究会全国集会に教授学分科会を開設。	十一月『一つの教師論』（国土社）
一九六六	昭和41	55	十二月　境小音楽会。	三月『現代教育批判』（国土社） 十二月『可能性に生きる』（文芸春秋）
一九六七	昭和42	56	一月　神戸御影小学校を指導（一九七四年まで継続）。 四月　ＮＨＫラジオ「人生読本」放送。	四月　現代の女教師Ｉ『教師として市民として』（編、明治図書　以後一九六九年まで全六巻刊行） 五月『教育と人間』（国土社） 九月『島小での芽をふく子ども』（解説、明治図書）

一九六八	昭和43	57	十月　境小体育祭。 十二月　境小公開音楽会。	三月『校長の良心』（編、明治図書） 四月『教師の実践とは何か』（国土社）
一九六九	昭和44	58	三月　境小学校校長を退職。	五月『教育学のすすめ』（筑摩書房）、『私の授業観』（明治図書） 十月『斎藤喜博全集』第一巻（国土社　以後一九七一年八月まで全十八巻刊行）
一九七〇	昭和45	59	三月　佐賀大学教育学部集中講義。 八月　林竹二に会う。	六月『君の可能性』（筑摩書房） 九月『日本の教育を考える』（むのたけじ・佐藤忠男とてい談、東芝教育技法研究所） 十月　レコード「風と川と子どもの歌」（境小・島小合唱集、筑摩書房） 十二月『教授学研究1』（柴田義松・稲垣忠彦・吉田章宏共編、国土社　以後一九七九年の10まで十冊。「第II期教授学研究」が一九八一年から一九八四年まで刊行）
一九七一	昭和46	60	七月　宮城教育大学で集中講義。 十二月　肝臓を患い翌年二月まで入院。	
一九七二	昭和47	61	四月　個人雑誌『開く』を創刊。 この年から自宅を開放しての「第三日曜の会」を定期化する。 六月　広島県大田小学校の指導。	四月『開く』（明治図書　以後一九八二年の第三〇集まで刊行。最終号は第三〇集編集委員会の編で没後に刊行） 十一月『教師が教師となるとき』（編、国土社）

一九七三	昭和48	62	十一月　教育科学研究会をはなれて、教授学研究の会を結成。	
一九七四	昭和49	63	八月　宮城教育大学授業分析センター専任教授に就任。淡路島で教授学研究の会第一回全国大会開催。 十月　室蘭啓明高等学校の指導。	十月　写真集『いのち、この美しきもの』（川島浩撮影、筑摩書房） 十一月『境小の教師』（編、明治図書）
一九七五	昭和50	64	三月　宮城教育大学を退任（以後一九七八年三月まで学生、現職教師の指導を続ける）。 五月　宮城教育大学授業分析センター開所式で記念授業「ふるさと」。	二月『授業と教材解釈』（一莖書房） 三月『授業をつくる仕事』（一莖書房） 八月『授業は教師がつくる』（編、一莖書房 十一月『教師の資質をつくるために』（編、国土社）
一九七六	昭和51	65	六月　小松市東陵小学校の指導。	三月『斎藤喜博対話集　この一つのこと』（一莖書房） 七月『授業小言』（明治図書） 八月『授業の可能性』（一莖書房） 十一月　写真集『斎藤喜博の仕事』（川島浩撮影、国土社）
一九七七	昭和52	66	八月　片山津の教授学研究の会大会で林竹二と別れる。	七月『介入授業の記録』上巻（一莖書房以後一九七九年まで全五冊刊行） 八月『わたしの授業』第一巻（一莖書房以後一九八二年まで全六冊刊行） 九月『教授学に学ぶ』（編、明治図書）

一九七八	昭和53	67	三月　NHKテレビ「教える――斎藤喜博の教育行脚」放映。	六月『対話　子どもの真実』（林竹二との対談集、筑摩書房）
一九七九	昭和54	68	七月頃肝臓障害となり、八月に入院（十一月退院）。	四月『教師の技術と思想を学ぶ』（編、明治図書） 七月『教師の仕事と技術』（国土社） 八月　合唱曲集『子どもの四季』（一莖書房） 九月『大空の歌』（編、筑摩書房）
一九八〇	昭和55	69		四月『人と自然と』（一莖書房） 六月『授業の解釈と批評』（国土社） 七月　合唱曲集『一つのこと』（一莖書房）
一九八一	昭和56	70	二月　再び入院。 六月　教授学研究の会会誌『事実と創造』を創刊。 七月二十四日没。	六月『事実と創造』（一莖書房　以後一九九五年十二月の一七五号まで刊行） 一九八三年九月『第二期　斎藤喜博全集』第一巻（国土社　以後一九八四年九月まで全十二巻刊行）

（横須賀薫作成）

〈人と教育双書〉

斎藤喜博　授業入門

新装版１刷発行　2006年10月10日
新装版７刷発行　2022年９月20日
著　者　　　　　斎藤　喜博
解　説　　　　　横須賀　薫
発行所　　　　　株式会社　国土社
〒101-0062 東京都千代田区神田駿河台2-5
TEL 03-6272-6125　FAX 03-6272-6126
http://www.kokudosha.co.jp

ISBN978-4-337-68003-6 C3337